8 Yth   7028

Paris
1826

Ancelot

Fièsque

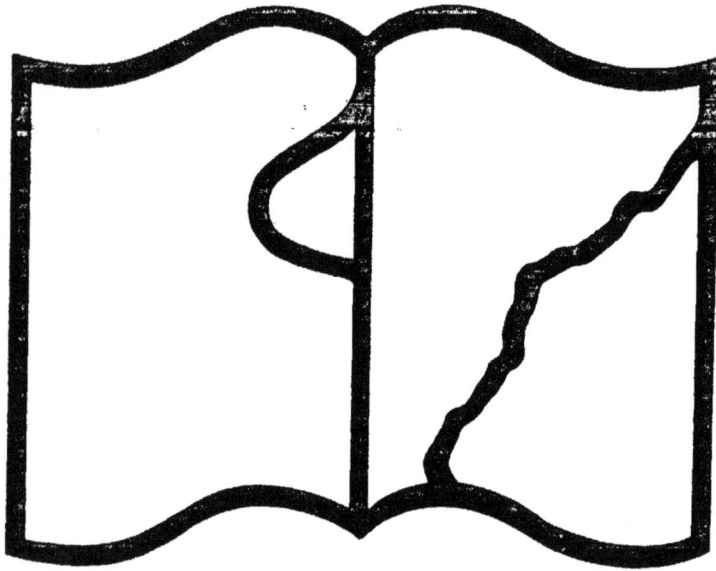

**Symbole applicable
pour tout, ou partie
des documents microfilmés**

Texte détérioré — reliure défectueuse

NF Z 43-120-11

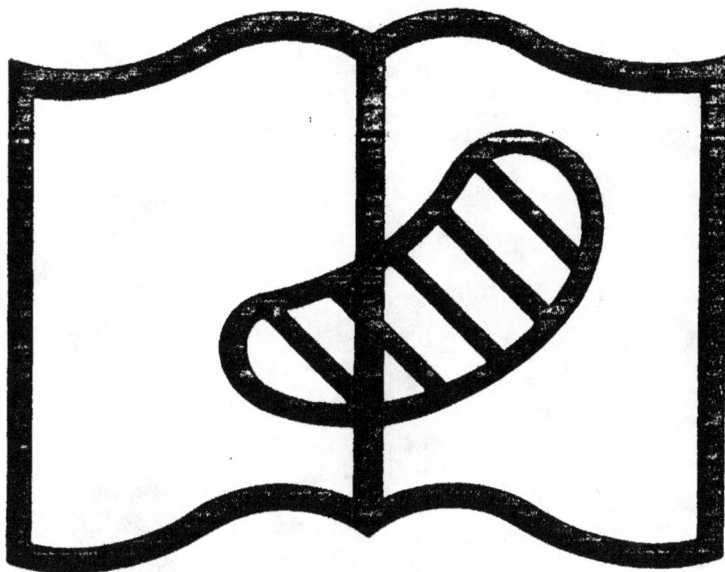

**Symbole applicable
pour tout, ou partie
des documents microfilmés**

Original illisible

NF Z 43-120-10

FIESQUE,

TRAGÉDIE EN CINQ ACTES.

Fiesque, tragédie. Prix : 4 fr.

IMPRIMERIE DE CARPENTIER-MÉRICOURT,
Rue Traînée-St-Eustache, Nº 15.

FIESQUE,

Tragédie en cinq actes,

PAR M. ANCELOT,

Représentée pour la première fois le 5 novembre 1824, sur le Théâtre Royal
de l'Odéon,

Reprise au Théâtre-Français,

Le 18 Janvier 1826.

précédée d'une

ÉPITRE A M. X.-B. SAINTINE.

3ᵉ Édition.

Paris.

PONTHIEU, LIBRAIRE, PALAIS-ROYAL,

Galerie de Bois.

1826.

Réveille encore un luth quelque temps endormi,
Je dédirai ses chants à mon meilleur ami.

Rappelle-toi ces jours, où désertant la ville,
J'allais te retrouver aux bois de Belleville,
Sous ces bosquets joyeux et non pas innocens,
Qu'ont naguère illustrés tes vers reconnaissans * :
De nos longs entretiens rappelle-toi les charmes ;
La plaintive Élégie, avec ses douces larmes,
La Muse qui dicta le piquant fabliau,
L'auguste Melpomène et l'austère Clio,
Variant nos plaisirs, et, près de nous captives,
Pressaient le vol léger des Heures fugitives :
Je crois nous voir encor, dans cet heureux séjour,
Racontant, déclamant, critiquant tour à tour.
Entre nous, tu le sais, point de lâche indulgence!
Quelquefois, d'une rime accusant l'indigence,
Je marquais tes beaux vers d'un crayon sans pitié ;
Pour prix de ma rigueur, ton utile amitié,
D'une noble pensée, ou d'un mot énergique
Enrichissait alors mon bagage tragique.
Plus d'une fois aussi, mes enfans nouveau-nés
Furent, par ta prudence, à périr condamnés ;
J'exécutai l'arrêt, et, domptant la nature,
Je devins le *Brutus* de la littérature.

Eh bien ! que ces beaux jours renaissent à ta voix !
Oui, reprenons ma lyre, et, dans les murs génois,
Montrons, au sein des jeux où *Lavagna* préside,
La Révolte aiguisant son poignard parricide ;

* *Ode à la nymphe de Belleville.* Cette ode charmante se trouve dans le
recueil des poésies de M. X.-B. Saintine, publié par le libraire Ladvocat

Tu le veux ?..... Près de toi cherchant la vérité,
J'irai livrer mes chants à ta sévérité ;
La haine les attend !..... Que l'amitié fidèle,
Pour amortir ses coups, les censure avant elle.

La haine ! Il est donc vrai ? Sa fureur me poursuit,
Et de tous mes efforts me dispute le fruit !
Et pourtant qu'ai-je fait pour être sa victime ?
Lorsque Louis, armé d'un sceptre légitime,
Vint consoler nos maux en oubliant les siens,
Et d'esclaves tremblans faire des citoyens ;
Ma jeunesse sourit à son règne prospère ;
Je vénérais en lui le monarque et le père !
Son regard protecteur, accueillant mes essais,
De mes faibles travaux m'embellit le succès ;
Mon amour s'augmenta de ma reconnaissance :
Adorant ses vertus, et non pas sa puissance,
J'avais couru naguère, au moment du danger,
Sous le drapeau sans tache heureux de me ranger,
Offrir aux défenseurs du trône héréditaire
De mon bras inconnu le secours volontaire ;
Mais, aux jours du triomphe, on ne me vit jamais
Arrachant les faveurs du prince que j'aimais,
Prosterner dans sa cour une muse importune,
Et d'un vers mendiant poursuivre la fortune !
Non ! dans l'asile obscur où je vivais caché,
Du fils de Saint-Louis les bienfaits m'ont cherché,
Et c'est là mon forfait !.... La haine qui m'outrage
A même dédaigné de déguiser sa rage.
Ah ! du moins, mon ami, si la voix des méchans
N'avait calomnié que ma lyre et ses chants !....

1*

Mais n'ont-ils pas osé flétrir mon caractère ?
Esclave intolérant , fanatique sectaire ,
Je voudrais , disent-ils , des fers et des proscrits !
Imposteurs ! de tels vœux souillent-ils mes écrits ?
Souillent-ils mes discours?... Pour me trouver des crimes,
Vous torturez mes vers, et vous gâtez mes rimes.
Eh bien ! parmi ces vers, vit-on jamais surgir
Une pensée, un mot qui me force à rougir ?
Moi ! devant le Pouvoir prêchant l'intolérance ,
Aux erreurs des partis défendre l'espérance !
Moi ! des doux entretiens empoisonnant le cours ,
D'un ardent fanatisme armer tous mes discours !
Saintine , tu le sais, l'amitié qui nous lie
Commença dans ces jours d'orage et de folie
Où les uns , déguisant leurs vœux et leurs regrets ,
Pour des opinions donnaient leurs intérêts ;
Où , souvent entraînés dans des partis contraires ,
Les amis, les parens, les époux et les frères,
Brisant des nœuds sacrés, sur ses autels récens
Offraient à la Discorde un parricide encens.
En ce temps de débats, de troubles, de systèmes ,
Nos avis différaient ! Nos cœurs étaient les mêmes ,
Ils s'unirent ! Parfois , malgré nous, égarés
Loin des bords enchanteurs aux muses consacrés ,
Nous osions parcourir une route fatale ,
Et de la politique aborder le dédale ;
Examinant nos mœurs, nos lois et nos besoins.
Nous discutions alors !.... nous en aimions-nous moins ?
Des fureurs des partis la déplorable ivresse
A-t-elle à mes amis enlevé ma tendresse ?

Non ! Au point du départ un moment divisés,
Nous semblons suivre tous des chemins opposés ;
Nous marchons, et surpris qu'un seul lieu nous rassemble,
Un jour au même but nous arrivons ensemble.
Car nous n'en avons qu'un ! Nos avis, j'en conviens,
N'ont pas toujours été d'accord sur les moyens ;
Mais ils sont confondus dans la même espérance :
Tout Français a besoin du bonheur de la France.
Tels aux champs bourguignons, de deux fleuves fameux*
On voit, en s'évitant, fuir les flots écumeux,
Dans leur course rapide, en grondant, ils s'éloignent ;
Après de longs détours, enfin ils se rejoignent,
Et, près du bois propice, où le plus saint des rois,
« Au pied d'un chêne assis, dictait ses justes lois **. »
Unissant de leurs flots la fière indépendance,
Dans Lutèce enrichie ils versent l'abondance ;
Ces fleuves, de leurs dons nous portant le tribut,
N'ont désormais qu'un lit, comme ils n'avaient qu'un but.
Qu'importe qu'un moment, de leurs eaux transparentes
Notre œil distingue encor les couleurs différentes ?
Ils mélangent bientôt leurs eaux et leurs couleurs,
Et, sous le même nom, roulent parmi des fleurs.

ANCELOT.

* La Seine et la Marne se réunissent près du bois de Vincennes.
** Voltaire, *Henriade*.

FIESQUE.

TRAGÉDIE.

~~~~~~~~~~~~~~~~~~~~~~~~~~~~~~~~~

ACTE PREMIER.

Le Théâtre représente une salle richement décorée dans le palais de Fiesque ;
cette salle ouvre sur des jardins. Il est trois heures du matin.

SCÈNE PREMIÈRE.

LÉONOR, BERTA.

LÉONOR.

Berta, laisse-moi fuir une fête importune,
Laisse-moi dans ces lieux cacher mon infortune ,
C'est trop long-temps souffrir et dévorer mes pleurs,
Ils sont heureux; pourquoi leur montrer mes douleurs?
Ces danses, ces plaisirs, ces accens de la joie,
Ces sons harmonieux que l'écho nous renvoie,
Ces bosquets odorans où brillent mille feux,
Le luxe des festins , la pompe de leurs jeux ,
Tout aigrit mes tourmens et glace mon courage,
Tout, d'un bonheur passé me retrace l'image !

BERTA.

Ce bonheur, Léonor, n'a pas fui pour toujours.

LÉONOR.

L'infidèle a bien vite oublié nos amours !

BERTA.

Mais peut-être cherchant à t'affliger toi-même...

LÉONOR.

Non, non, je suis trahie, et c'est elle qu'il aime !
De l'orgueilleuse Elvire admirant la beauté,
Paré de ses couleurs, assis à son côté,
Il vantait ses discours, il exaltait ses charmes,
Et l'ingrat n'avait pas un moment pour mes larmes !
Aux yeux des Doria que ce triomphe est doux !
La sœur d'Octavio voit Fiesque à ses genoux.
Oh ! comme devant moi, ma superbe rivale
D'un coupable bonheur était le scandale !
De mon front avec joie observant la pâleur,
Elle s'embellissait encor de ma douleur,
Et de loin je voyais sourire le parjure !
Avais-je donc, Berta, mérité cette injure ?
Toi qui connais mon cœur, le crois-tu, que jamais
Une autre femme l'aime autant que je l'aimais ?
Ses vœux étaient mes vœux, et mon ame ravie
Faisait de son bonheur le bonheur de ma vie.
Et qui ne l'eût aimé ? L'envie à son aspect
Confuse, s'étonnait de céder au respect,

Et Gène consolée, à sa jeune vaillance
De sa gloire à venir confiait l'espérance :
Comme nous l'admirions ce héros chevalier
Dont le front s'ombrageait d'un précoce laurier !
Il t'en souvient, Berta, lorsqu'avec nos compagnes,
A l'heure où le soleil pèse sur nos campagnes
Et contraint les Génois, des feux du jour lassés,
A suspendre un moment les travaux commencés,
Nous allions, nous livant aux plaisirs de notre âge,
Des bosquets d'orangers chercher le frais ombrage ;
Si Fiesque tout-à-coup paraissait devant nous,
Chacune l'observait, et nos regards jaloux
Épiant ses regards errans à l'aventure,
Cherchaient à deviner son épouse future.
Quand il m'offrit son cœur, du poids de mon orgueil
J'accablai, je le sais, mes compagnes en deuil ;
Me parant de ma joie et de leur jalousie,
Fière, je me disais : C'est moi qu'il a choisie !
Triomphe d'un moment que j'ai bien expié !
Amour, sermens, bonheur, il a tout oublié !
Dédaignée à mon tour, à la douleur en proie,
D'une rivale heureuse il faut subir la joie !

                    BERTA.

De tes maux, Léonor, chasse le souvenir,
Il est des jours heureux cachés dans l'avenir.

                    LÉONOR.

Oh ! qui me la rendra cette belle journée,
Où, des fleurs de l'hymen la tête couronnée,

Trop heureuse, je vins recevoir à l'autel
Les sermens d'un amour qu'il disait éternel !
Tout mon cœur palpitait d'une joie inconnue,
Il était près de moi, j'osai tourner la vue
Vers ce jeune héros à qui j'allais m'unir:
Son regard fier semblait, dévorant l'avenir,
Poursuivre avidement une lointaine gloire,
Son front s'embellissait comme un jour de victoire,
Sa main serrait ma main, puis, retombant sur moi,
Ses regards me disaient : Fiesque vaincra pour toi !
Vers de nobles destins sur ses pas élancée,
Dans l'avenir aussi j'égarais ma pensée;
L'environnant déjà de ses futurs exploits,
Je lisais dans ses yeux le salut des Génois,
Je voyais, aux accens de son mâle génie,
De nos deux oppresseurs tomber la tyrannie.
Trompeuse illusion, vains rêves de bonheur !
Fiesque a fermé son ame aux conseils de l'honneur;
Esclave au sein des jeux où s'endort son courage,
D'une jeunesse oisive il brigue le suffrage ;
Oubliant les lauriers dont son front fut paré,
Courtisan fastueux, de femmes entouré,
Tantôt il les poursuit de ses vœux infidèles,
Tantôt, conteur frivole, assis au milieu d'elles,
Si l'ennui les arrache à leurs bruyans plaisirs,
Ses récits fabuleux amusent leurs loisirs.

BERTA.

Léonor !.........

LÉONOR.

Comme moi tu vas donner ta vie !
Au cœur de Manfredi ta candeur se confie ;
Son amour à l'autel va recevoir ta foi !
Ah ! puisses-tu, Berta, plus heureuse que moi,
Ignorer le tourment de chérir un parjure !
Mais de sa trahison tu subiras l'injure,
Car ils mettent leur gloire à nous tromper ainsi !

BERTA.

Il jura de m'aimer.

LÉONOR.

Fiesque m'aimait aussi :
Naguère à ton erreur mon erreur fut pareille,
Et les mêmes sermens ont charmé mon oreille.

BERTA.

Sèche, sèche tes pleurs. Mon père vient à nous.

SCÈNE II.

BERTA, VERRINA, LÉONOR.

VERRINA.

Du spectacle, des jeux m'éloignant comme vous,
De ces lieux écartés je cherchais le silence.

BERTA.

De ses cruels chagrins calmez la violence.
Vous la voyez, mon père !

VERRINA.

                              Ah ! je connais ses maux ;
Elle pleure un époux, Gène pleure un héros !

BERTA

Fiesque de vos leçons a perdu la mémoire ?

VERRINA.

Le plaisir s'en empare et l'arrache à la gloire.

BERTA.

De son épouse en pleurs daigne-t-il s'informer ?

LÉONOR.

Il est aux pieds d'Elvire et jure de l'aimer !

BERTA.

Qu'à ces tristes pensers mon amitié t'enlève ;
Viens, suis-moi, Léonor, déjà le jour se lève ;
Vois pâlir ces flambeaux dont l'éclat incertain
S'efface lentement aux rayons du matin.
Rentrons.

LÉONOR.

                    Oui, de ces lieux à jamais je m'exile.
D'un bonheur fugitif adieu, riant asile ;
Tu vis l'amour de Fiesque et tu vois son dédain,
Il m'abandonne ; adieu, je te fuis, et demain,
Quand la nuit ramenant une nouvelle fête
Conduira le parjure aux pieds de sa conquète,

A leurs regards joyeux dérobant mes douleurs,
Dans le sein maternel je cacherai mes pleurs.

SCÈNE III.

VERRINA seul.

Malheureuse! aux chagrins un nœud fatal t'enchaîne;
Fiesque voit sans pitié tes maux et ceux de Gène!

SCÈNE IV.

MANFREDI, VERRINA, FONDI.

MANFREDI.

Viens, cher Fondi, fuyons ces indignes Génois,
Qui, pour de vils honneurs trafiquant de nos droits
Aux pieds des Doria, perdus dans la mollesse,
De leurs antiques noms prosternent la noblesse!
Viens près de Verrina.

VERRINA.

Qu'entends-je, Manfredi?
Quel discours!

MANFREDI.

Verrina, ne craignez pas Fondi!
Adoucissez ce front et ce regard austère,
De ses secrets desseins, je connais le mystère;
Il est digne de vous! le destin des Génois,
Doria s'élevant sur les débris des lois,

De la patrie en deuil la splendeur éclipsée,
Même au sein de nos jeux, accablent sa pensée;
Au chemin de l'honneur il est enfin rendu,
Croyez-en Manfredi!

VERRINA.

L'ai-je bien entendu?
Toi qui, sous Doria, courbant un front servile,
Traînais dans les plaisirs ta jeunesse inutile!

FONDI.

Oui, m'indignant d'un joug qui pèse à ma fierté,
J'ose sous deux tyrans rêver la liberté.

VERRINA.

Se peut-il?

FONDI.

Ecoutez : au sein de l'esclavage
J'ai laissé jusqu'ici sommeiller mon courage;
Jeune, fier d'un grand nom, sans frein dans mes desirs,
Livrant aux voluptés mes fastueux loisirs,
Aux plaintes des Génois j'ai pu fermer l'oreille.
Tout mon sort est changé, le malheur me réveille!

VERRINA.

Je t'ai compris; rebelle aux leçons du passé ,
Ébloui du haut rang où le ciel t'a placé,
Tu vis, dans ces plaisirs si chers à ton jeune âge,
De tes nobles aïeux s'écouler l'héritage;
De tes profusions entretenant le cours ,
Des cruels t'ont vendu leurs avares secours,

Ils assiégent tes pas, et demain leur vengeance
Peut à des fers honteux livrer ton indigence;
Dans un vaste complot, ton orgueil irrité
Pense avec le succès trouver l'impunité,
Ou du moins, à l'oubli disputant ta mémoire,
Tu veux, s'il faut périr, succomber avec gloire.

FONDI.

Puisse un jour votre bras s'armer pour nous venger !

VERRINA.

C'est alors seulement qu'on pourra te juger?

MANFREDI.

Ah! de grâce, abjurez un soupçon qui l'offense !
D'un sort heureux encor j'entrevois l'espérance.

VERRINA.

L'espérance, en est-il? Non, Gène est dans les fers!
Où sont-ils ces Génois, fiers souverains des mers,
Qui, par la liberté façonnés à la gloire,
Sur l'Océan soumis promenaient la victoire?
Ils sont morts! Gène en deuil, pleurant sur leurs tombeaux,
Dans ses ports avilis voit languir ses vaisseaux,
Et secouant en vain ses honteuses entraves,
Cherche des citoyens et compte des esclaves.

FONDI.

Croyez-moi, Verrina, l'amour sacré des lois
Veille encore en secret dans le cœur des Génois.

VERRINA.

Non, Fondi, l'esclavage a dégradé leurs âmes !
Ne les voyez-vous pas fiers de plaire à des femmes,
De leurs concitoyens oubliant les revers,
Dans ces vastes salons aux voluptés ouverts,
A de lâches plaisirs abandonner leur vie ?
Sous le joug cependant Gène pleure asservie :
Que leur importe ? Au sein des fêtes et des jeux,
Savent-ils seulement s'il est des malheureux ?
Ah ! de quelques vertus s'ils se paraient encore,
De nos deux oppresseurs que leur bassesse honore,
Viendraient-ils encenser les coupables excès ?
André, vengeur de Gène et vainqueur des Français,
S'armant de notre amour au, joug de l'esclavage
Enchaîna les Génois sauvés par son courage.
Sur son front sa couronne a flétri son laurier ;
Je vois en lui le Doge, et non plus le guerrier !
A ses concitoyens qu'importe sa victoire ?
Trente ans de tyrannie ont passé sur sa gloire ;
Mais je veux qu'aux Génois, tremblans à son aspect,
Son front cicatrisé commande le respect ;
Que de nos sénateurs l'indolente mollesse,
D'un hommage timide entoure sa vieillesse.
Du lâche Octavio, quels sont ici les droits ?
Il est neveu du Doge !... Il est sujet des lois.
Déjà de Doria, faible et vaincu par l'âge,
Son audace impunie usurpe l'héritage :

Nous gémissons ! Le traître insulte à notre deuil,
Et compte les sujets promis à son orgueil.
Ses insolens regards profanant nos familles,
Poursuivent en tous lieux nos femmes et nos filles.
Que sert de dénoncer ses forfaits et nos maux ?
N'a-t-il pas nos trésors pour payer nos bourreaux ?
Allez, lâches Génois, courbés sous ses caprices,
De sa grandeur future adorer les prémices !
Pour moi que la douleur, que les ans ont flétri,
A la tombe bientôt demandant un abri,
J'y vais cacher ma honte et dire à vos ancêtres,
Que leur gloire est trahie et que Gène a des maîtres.

FONDI.

Ah ! jugez mieux de nous ; l'or dont ils sont couverts
A notre orgueil séduit ne cache point nos fers.
Il est des sénateurs dont le mâle courage
De la faveur du Doge a repoussé l'outrage :
Ceux même qui, brûlant de la soif des plaisirs,
Consument dans les jeux leurs frivoles loisirs,
Des Doria peut-être accusant l'insolence,
A vos hardis desseins s'unissent en silence.
Fiesque....

VERRINA.

Oui, je l'avoûrai, de ma longue douleur
Je demandais le terme à sa jeune valeur ;
Je me flattai long-temps que, fidèle à sa gloire,
Dédaigneux de sa vie, et regardant l'histoire,

Ce guerrier que mes soins formaient pour son pays,
Vengerait Gène esclave et nos droits envahis !
Oh! que j'aimais à voir sa belliqueuse enfance,
De l'honneur des Génois embrassant la défense,
Pour ce peuple tremblant sous un joug odieux,
Conquérir en espoir des destins glorieux !
Je me disais : Le ciel qui de la tyrannie
A fait peser sur nous la longue ignominie,
A ma patrie un jour veut rendre sa faveur,
Dans ce héros futur il nous garde un sauveur.
Je le croyais !... Hélas ! de notre délivrance
Le temps a dans sa fuite emporté l'espérance.
Pourquoi nous égarer en des vœux superflus ?
Fiesque respire encore, et le héros n'est plus !
Voyez, quand tous les maux s'amassent sur nos têtes,
Fiesque s'environner de la pompe des fêtes,
Et livrant au plaisir ses inutiles jours,
Promener en tous lieux ses coupables amours.
La tendre Léonor dévorant son outrage,
Pleure auprès d'un époux son précoce veuvage,
Et lui, portant sa joie aux pieds de nos tyrans,
Détourne de ses pleurs des yeux indifférens.

FONDI.

Et si ce front serein, cet oubli de soi-même,
D'un courageux espoir utile stratagème,
Abusant tous les yeux, cachait à nos bourreaux
Les vœux d'un citoyen et l'ame d'un héros ?

Je ne sais , mais hier j'observais son visage,
Son sourire a vingt fois démenti son langage.
Quel était son dessein lorsque ses prompts secours
Ont soustrait à nos lois qui réclamaient ses jours
Cet esclave africain dont la fureur sauvage
Promenait dans nos murs le meurtre et le pillage ?
Bien souvent, m'a-t-on dit, de cet agent discret
Qu'il admet près de lui, qu'il consulte en secret,
Il flatte en rougissant la bassesse docile :
Si Fiesque l'a sauvé, c'est qu'il le croit utile.
Ah ! puissent mes soupçons par le temps confirmés
Présenter un vengeur aux Génois opprimés !
Sans le secours de Fiesque à la patrie en larmes,
En vain, braves amis, nous consacrons nos armes;
Le peuple craint le Doge, et courbé sous ses lois
Pardonne son pouvoir en comptant ses exploits.
Mais si Fiesque, paré des grâces de son âge,
Fier, brillant, adoré, fameux par son courage ,
Veut servir les Génois si long-temps outragés,
Alors à nos complots, de son nom protégés,
Associant les cœurs soumis à son empire,
Nous combattrons armés de l'amour qu'il inspire !
Épions ses projets !

VERRINA.

Vous le voulez ? eh bien,
Sous les traits du flatteur cherchons le citoyen;
Voyons si, démentant sa jeunesse flétrie,

2'

Son cœur palpite encore au nom de la patrie!
Mais! quel bruit?...

MANFREDI.

On approche, et mon œil étonné...,

VERRINA.

Oui, des nobles Génois Fiesque est environné,
Il porte jusqu'ici sa frivole allégresse,
Et partout, des plaisirs va ranimer l'ivresse.

SCÈNE V.

FONDI, FIESQUE, VERRINA, MANFREDI, foule de
Génois.

FIESQUE.

Non, Génois, de nos jeux ne bornons point le cours,
Le temps aura bientôt emporté nos beaux jours.
Saisissons du plaisir les heures passagères;
Tandis que mon palais s'ouvre aux danses légères,
Dans mes vastes jardins suivez-moi, mille feux
Couronnent l'oranger de festons lumineux.
Savourons à longs traits sous son ombre embaumée
De Chypre et de Chiros la liqueur parfumée;
Que l'éclat des flambeaux, éternisant le jour,
Fasse pâlir demain l'aurore à son retour.
Des festins devant vous la pompe se déploie.
Livrez-vous sans contrainte aux élans de la joie;

Mes esclaves en foule, épiant vos desirs,
Sur vos pas, à ma voix, vont semer les plaisirs.
Allez, nobles amis, que rien ne vous arrête ;
Moi-même présidant à cette heureuse fête,
Je vais, fier de voler au devant de vos vœux,
Partager vos transports et m'unir à vos jeux.

SCÈNE VI.

FONDI, FIESQUE, VERRINA, MANFREDI.

FIESQUE.

Et vous, loin de ces lieux que tant d'éclat décore,
Quels motifs inconnus vous retiennent encore ?
Que fais-tu, Verrina ? Quel importun souci
Étend son voile épais sur ton front obscurci ?
L'ami que ma jeunesse et chérit et révère
Détourne de nos jeux son visage sévère ?
Mais, que vois-je ? et pourquoi ce vêtement de deuil ?
Pleures-tu quelque ami qui descend au cercueil ?
Qui ? moi ! De tes chagrins j'ignore le mystère !
Ils semblent t'accabler ; eh bien ! pourquoi les taire ?
Dans mon cœur, Verrina, répands-les sans effroi ;
Je veux sécher tes pleurs ou pleurer avec toi.

VERRINA.

Non, Fiesque, les douleurs pour toi ne sont pas faites ;
Tu dois ta vie entière à l'ivresse des fêtes.

FIESQUE.

Pourquoi de l'amitié repousser les secours ?

VERRINA.

De tes pensers joyeux pourquoi troubler le cours ?

FIESQUE.

Autrefois, Verrina, tu me nommais ton frère.

VERRINA.

Oui, mais tous les enfans songent-ils à leur mère ?
Entre nous, je le sais, un serment solennel
Serra de l'amitié le lien fraternel.
Ces nœuds étaient bien doux à mon ame attendrie ;
Mais Fiesque était alors l'enfant de la patrie.
Quel est-il aujourd'hui ? Réponds-moi ?

FIESQUE.

                                        Je t'entends.
Verrina, dans sa haine affermi dès long-temps,
D'un espoir mensonger caresse la chimère :
Des vrais Génois, dis-tu, la patrie est la mère,
Qu'ils s'immolent pour elle. On m'a vu comme toi,
Des Doria, jadis, méconnaître la loi.
De rêves décevans ma jeunesse bercée
Voulait rappeler Gène à sa splendeur passée ;
Mais hélas ! par le temps je fus désabusé !
Qui peut rendre la vie à ce corps épuisé ?
Va, crois-moi ; n'allons point former de vœux stériles,
Et charger nos beaux jours de chagrins inutiles !

Tant que sur nos côteaux flotteront nos moissons;
Tant que de la guitare animant les doux sons,
Nous presserons l'essor de nos danses rapides;
Tant que Chypre et Xérès dans nos coupes avides
Verseront à longs flots leur nectar précieux,
Chassons les noirs soucis et rendons grâce aux cieux !

MANFREDI.

Qu'oses-tu dire?

VERRINA.

Fiesque, est-ce là ta pensée ?

FIESQUE.

Et pourquoi, nourrissant une haine insensée,
Du noble Doria repousser le pouvoir?
Il l'usurpa, sans doute ! Il fallait le prévoir.
Quand d'un servile hommage honorant sa vaillance,
On flattait d'un vainqueur la superbe espérance,
Vous l'adoriez alors ! il gouverne aujourd'hui !
Le faible Octavio doit régner après lui,
Il le veut, j'y consens ! Au jour de sa puissance
Son orgueil peut s'attendre à mon obéissance.
Au rang de ses sujets Fiesque sera compté !

VERRINA.

Toi qui naguère encor noblement irrité,
A l'espoir d'un vengeur palpitais d'allégresse;
Toi, plein des souvenirs de Rome et de la Grèce,
Et qui de leurs héros citant les noms fameux,
Dans les siècles futurs voulais vivre comme eux;

Est-ce toi que j'entends? Rappelle à ta mémoire
Ces jours où parcourant notre immortelle histoire,
Tu voyais sous les coups de l'un de tes aïeux
Tomber Boccanera, ce despote orgueilleux
Dont l'audace coupable et long-temps impunie,
Avait dans nos remparts fondé sa tyrannie.
Alors, fier de porter le nom de ce Génois,
Qui frappa l'oppresseur et nous rendit nos lois,
Tu voulais l'imiter !

FIESQUE.

         Et quoi ! ton imprudence
De ce peuple toujours rêve l'indépendance ?
Projet fallacieux que l'erreur a dicté !

VERRINA.

Qu'entends-je ? Et qui t'a dit que de la liberté
Nous ne pourrions, un jour, doter Gène affranchie ?

FIESQUE.

Mais cette liberté qu'est-elle ? l'anarchie !
Qu'oses-tu désirer et quel est ton espoir ?
Au peuple déchaîné livre un jour le pouvoir :
Que verrons-nous alors ? la révolte insolente
De la flamme et du glaive armant sa main sanglante,
Donner, ôter l'empire, immoler tour à tour
L'idole de la veille et l'idole du jour;
La justice sans force et laissant en silence
Succomber tout Génois convaincu d'opulence ;

Nos guerriers dans les fers expiant leurs exploits ;
Le caprice élevant et renversant les lois;
Aux cris des factions la tribune livrée,
La vertu sans asile, et dans Gène éplorée,
Les plus vils citoyens, debout sur des tombeaux,
D'un pouvoir incertain s'arrachant les lambeaux.
Je fuis une anarchie en malheurs si fertile,
Et j'accepte un tyran, pour n'en pas avoir mille.

VERRINA.

Adieu, Fiesque. Sortons, Génois !

FIESQUE.

Non, arrêtez,
Amis, ne fuyez point ces jardins enchantés ,
Où des banquets joyeux l'ivresse vous réclame.
A d'affligeans pensers, pourquoi livrer notre ame ?
Allons, cher Manfredi ! Toi, Fondi, suis mes pas ;
A nos heureux transports ne vous dérobez pas.
Verrina, je t'attends : d'une ingrate patrie
Les maux ont trop pesé sur ton ame flétrie;
Crains de tenter pour elle un périlleux effort !
Viens partager nos jeux, et laisse faire au sort.

ACTE DEUXIÈME.

Le Théâtre représente l'appartement de Fiesque dans son palais ; une
fenêtre donne sur la ville.

SCÈNE PREMIÈRE.

FIESQUE seul, assis devant une table.

Par mes jeux décevans, le soupçon endormi,
A mes coups préparés livre mon ennemi.
Sa sœur, crédule et vaine, encourage ma flamme,
Et j'aveugle un despote, en trompant une femme.
Moi dans les fers d'Elvire !.... Ils ont pu s'en flatter.
Hassan ne revient pas ! Qui le peut arrêter ?
Cet esclave africain, dont j'éprouvai le zèle,
Soupçonne mes projets !... Qu'importe ? il est fidèle.
J'ai protégé ses jours ravis à l'échafaud ;
Qu'il soit mon instrument !... J'en rougis !... Il le faut !
A mes desseins cachés son adresse est utile :
Pour moi des indigens il visite l'asile,
Voit tout, m'instruit de tout, n'a que moi pour appui.
Qu'il serve à mon triomphe, et qu'il parte aujourd'hui!
A ces fiers sénateurs rêvant l'indépendance,
Je n'ai point de mes vœux livré la confidence.

Leur but n'est pas le mien, et j'ai dû les tromper.
Je me servirai d'eux au moment de frapper.

Hassan entre.

SCÈNE II.

FIESQUE, HASSAN.

FIESQUE.

Approche et réponds-moi, je suis prêt à t'entendre :
Qu'as-tu vu? Qu'as-tu fait? et que peux-tu m'apprendre?

HASSAN.

A vos ordres soumis, j'ai parcouru les lieux
Où vit dans l'abandon ce peuple industrieux
Qu'à des travaux obscurs enchaîne l'indigence.

FIESQUE.

Quel est son sort?

HASSAN.

L'opprobre!

FIESQUE.

Et son vœu?

HASSAN.

La vengeance.

FIESQUE.

Et de mes dons sur lui quels seront les effets!

HASSAN.

Chacun honore Fiesque, et bénit ses bienfaits.

FIESQUE.

Au nom de Doria, quel sentiment s'éveille?

HASSAN.

La haine.

FIESQUE.

Quels discours ont frappé ton oreille?

HASSAN.

Des Français, disent-ils, nous subissions les fers,
André de leurs vaisseaux a balayé nos mers,
Il nous a délivrés, mais sa coupable audace
A chassé nos tyrans pour régner en leur place!

FIESQUE.

On maudit sa puissance? et nul dans l'avenir
Ne soupçonne un vengeur qui pourrait l'en punir?

HASSAN.

Il en est un!..... En vain leur désespoir le nomme.

FIESQUE.

Quel est-il?

HASSAN.

    Un guerrier qui promit un grand homme,
Et qui des opprimés dédaignant les soupirs,
A d'illustres dangers préfère des plaisirs;
Fiesque est son nom!

FIESQUE.

    Ainsi m'observant en silence,
Ils semblent de ma vie accuser l'indolence!

HASSAN.

En tous lieux hautement éclate leur douleur:
Fiesque, répètent-ils, dont la jeune valeur

De ses concitoyens pouvait briser les chaînes,
Trahit le noble sang qui coule dans ses veines;
Ce guerrier, qu'à la gloire appelaient ses aïeux,
Dans des plaisirs obscurs traîne un nom glorieux;
Livrant ses jours oisifs aux caprices d'Elvire,
De cette femme altière il a subi l'empire,
De nos deux oppresseurs il adore la loi !

FIESQUE (se levant).

Je les ai donc contraints à s'occuper de moi !

HASSAN.

Qu'entends-je !

FIESQUE.

      Doria, qu'assiègent tant de haines,
De l'état au hasard laisse flotter les rênes;
L'insensé !

HASSAN.

      C'en est fait, le voile est déchiré,
Et Fiesque tout entier à mes yeux s'est montré.
Il conspire ! mon cœur va renaître à la joie.
Quel avenir sanglant devant nous se déploie !

FIESQUE.

Que dis-tu? malheureux.

HASSAN.

      Je suis las du repos !
Aux sables africains ravi par vos vaisseaux,
J'ai vu ces vils Génois trafiquant de ma vie,
Enchaîner aux douleurs ma jeunesse asservie.

Indigné de mes fers, j'ai reconquis mes droits ;
J'ai méprisé vos mœurs, j'ai détesté vos lois.
Armé pour les braver, je fus proscrit par elles,
Et ceux qui, m'arrachant aux tentes paternelles,
M'ont de la liberté ravi le doux trésor,
Si le poignard en main, j'exigeais un peu d'or,
Osaient, de leurs bourreaux invoquant la vengeance,
De je ne sais quel nom flétrir mon indigence.

FIESQUE.

Eh bien, de mon crédit te prêtant le secours,
A la rigueur des lois j'ai dérobé tes jours.

HASSAN.

Je le sais, et dès-lors ce bienfait, à ma haine,
Révéla vos projets et l'avenir de Gène :
Eh quoi ! me dis-je, Fiesque, entouré de plaisirs,
Des dangers d'un esclave occupant ses loisirs,
Aux lois qui m'ont proscrit arrache leur victime ?
Sans doute il a besoin de ce qu'on nomme un crime !
Oui, j'osai soupçonner ce fastueux repos,
Et vos bontés pour moi m'annonçaient des complots.
Je vous ai deviné !.... Parlez, que faut-il faire ?

FIESQUE.

Être en tous lieux, tout voir, tout entendre et se taire.

HASSAN.

Comptez sur moi ; je cours....

FIESQUE.

                         Non, demeure : aujourd'hui
J'attends mille guerriers qui, m'offrant leur appui,
Et rassemblés hier dans la forêt prochaine,
Vont, par divers sentiers, s'introduire dans Gêne.
Écoute : quelques-uns de ces futurs vengeurs
Paraîtront sous l'habit de pieux voyageurs
Qui, brûlant d'accomplir un saint pélerinage,
Vont adorer la Vierge et parer son image;
D'autres ont emprunté, pour entrer dans nos murs,
Les grossiers vêtemens de ces mortels obscurs
Que l'indigence arrache aux monts de la Savoie.
La guitare à la main, ceux-ci feignant la joie,
S'offriront à tes yeux tels que ces troubadours
Qui chantent le plaisir, la gloire et les amours;
Ou tels que ces soldats qui vont de ville en ville,
Vendre à l'or étranger leur courage servile !
Surveille leur entrée, écarte le soupçon,
Et garde-toi surtout de prononcer mon nom :
Ils ne connaissent pas la main qui les achète.
Protège les détours de leur marche discrète;
C'est moi qui l'ai tracée ! Un chemin différent
Les conduit tous au but où chacun d'eux se rend;
Les vastes souterrains du prochain monastère,
D'un asile sacré me prêtent le mystère.
Qu'ils entrent, et tout prêts à marcher sur mes pas,
Qu'ils attendent mon ordre et n'interrogent pas.

HASSAN.

Il suffit.

FIESQUE.

J'attends plus encor de ta prudence :
Quelques Génois jaloux de leur indépendance
La veulent conquérir !... Protégeons leur effort :
Quatre vaisseaux armés vont entrer dans le port ;
Le peuple à cet aspect s'étonnera peut-être ;
On va t'interroger ! Tu diras que ton maître,
Vengeur de Gène et las de tant d'affronts soufferts,
Aux brigands africains veut disputer les mers,
Et, loin de sa patrie, écartant les ravages,
Châtier leur victoire et purger nos rivages.
Obéis !

SCÈNE III.

FIESQUE seul.

Du combat le jour est arrivé ;
Le voile qui me couvre est déjà soulevé !
De tous ces mécontens qu'irrite l'esclavage,
Qu'a fait pour les Génois le stérile courage ?
Leur courage se perd en frivoles discours :
Las de ramper sans cesse, en murmurant toujours,
Ils m'observent......Bientôt je me ferai connaître ;
Ils cherchent un complice, ils trouveront un maître !
Doge, républicains, je ne crains rien de vous !
Fiesque court à son but et vous trompera tous !

Le plaisir me protège! au doux bruit d'une fête,
Ma victime s'endort et le soupçon s'arrête!

Il s'approche de la fenêtre.

Gène, noble cité, majestueux remparts,
Vaste mer, champs heureux, qu'embrassent mes regards!
Un simple citoyen aujourd'hui vous salue;
Demain, de votre roi vous charmerez la vue!
On vient! c'est Léonor! à ses soupçons jaloux,
La trompeuse apparence a livré son époux;
Son désespoir m'accuse, et peut-être sa haine!

SCÈNE IV.

FIESQUE, LÉONOR, suivie d'une femme qui dépose un
coffre sur la table.

FIESQUE.

Que vois-je? près de moi quel sujet vous amène?
Quels soucis inquiets hâtant votre réveil,
Loin de vous, Léonor, ont chassé le sommeil?

LÉONOR.

Je viens à vos bontés demander une grâce:
Écoutez-moi.

FIESQUE.

Pour vous que faut-il que je fasse?
Je ne vous comprends pas! De vos paisibles jours,
Quels chagrins inconnus ont pu troubler le cours?
Parlez!

LÉONOR.

Hélas! je sens que je suis importune!
Fiesque, pardonnez-moi! la trompeuse fortune,

Jusqu'ici de ses dons se plut à me parer,
Fiesque était mon époux! qu'avais-je à désirer?
Je croyais au bonheur...... Il n'est point sur la terre!
Triste aujourd'hui, traînant mon chagrin solitaire,
En des lieux où mon cœur rêva des jours plus doux,
J'y vois encore un maître, et je n'ai plus d'époux!
Près de vous, la douleur me trouve sans défense :
Souffrez que je retourne aux lieux de mon enfance.
Sous le toit paternel, à mon cœur éperdu,
Tout ne parlera pas du bien que j'ai perdu;
D'innocens souvenirs sans cesse environnée,
Aux jours de mon printemps je serai ramenée;
Je dirai : Ce bonheur qui fascina mes yeux,
Ces doux sermens d'amour, cet hymen glorieux,
Tout fut un songe vain, que l'orgueil a fait naître;
Je le dirai souvent!... je le croirai peut-être !
Ou si la vérité dissipant mon erreur,
Parfois de mes destins me retrace l'horreur,
D'un espoir mensonger abjurant la chimère,
Pour pleurer avec moi, du moins, j'aurai ma mère !

FIESQUE.

Qu'entends-je, Léonor? quel étrange discours !

LÉONOR montrant le coffre.

Mon cœur souffrant et faible a besoin de secours!
Tenez, je vous les rends ces gages de tendresse
Qui d'un bonheur constant me semblaient la promesse

Reprenez-les, peut-être ils vous rappelleront,
Qu'en des jours plus sereins, fier d'en parer mon front,
Vous aimiez à me voir, de vos dons embellie,
Partager des transports que votre cœur oublie !
Ils ont fui ces beaux jours !... Je vous les rends encor
Ces écrits mensongers où de sa Léonor
Fiesque abusant jadis la crédule espérance,
D'un amour éternel déposa l'assurance ;
Il faut m'en séparer ! dévouée au malheur,
Je ne veux emporter d'ici que ma douleur.

FIESQUE.

Par quelle erreur, ô ciel, votre ame fut séduite !
Calmez-vous !

LÉONOR.

    A l'autel votre choix m'a conduite :
Je n'ai point mérité qu'il s'arrêtât sur moi,
Je le sais ; mais du jour où, me donnant sa foi,
Fiesque offrit à mes vœux un bonheur légitime,
Son épouse a du moins mérité son estime :
Me faudra-t-il toujours dévorer mes chagrins,
Et des femmes de Gène essuyer les dédains ?
Je vois à mon aspect sourire les cruelles !
Je comprends leurs regards ! « La voilà, » disent-elles,
« C'est celte Léonor, fière de son époux,
» Qui dans Gène long-temps sembla régner sur nous,
» Qui s'enorgueillissait d'un illustre hyménée ;
» La superbe aujourd'hui languit abandonnée ! »

3.

Je ne le cache point; vaine de votre choix,
J'aimais à leur vanter votre amour et mes droits;
Me parant à leurs yeux du nom de votre épouse,
Mon orgueil triomphait de leur beauté jalouse,
Heureuse du présent, je bravais l'avenir.
Hélas! était-ce vous qui deviez m'en punir?

FIESQUE.

Non, non, cessez d'en croire une vaine apparence,
Que votre cœur trompé renaisse à l'espérance!
Dès que l'astre éclatant qui se lève à nos yeux,
Aux ombres de la nuit aura cédé les cieux,
Léonor jugera si mon cœur infidèle,
Chercha d'autres amours et s'est retiré d'elle;
Léonor jugera si mes desseins secrets
N'ont pas dû se cacher aux regards indiscrets,
Et s'il ne fallut pas, domptant un vain scrupule,
Occuper des Génois l'oisiveté crédule:
Vous connaîtrez alors ce qu'il m'en a coûté!
Mais jusqu'à ce moment, si long-temps souhaité,
Quels que soient les soupçons où votre amour se livre,
D'un regard curieux craignez de me poursuivre;
Dans cette route obscure où s'engagent mes pas,
Attendez en silence et ne m'accusez pas!

LÉONOR.

Quel langage!

FIESQUE.

Crois-moi, bientôt tu pourras lire
Dans ce cœur combattu que ta douleur déchire.
Ma Léonor!

LÉONOR.

O ciel ! l'ai-je bien entendu ?
L'époux que je pleurais me serait-il rendu ?
Je devrais te haïr ! Eh bien ! vois ma faiblesse,
J'adore malgré lui l'ingrat qui me délaisse.
Et mon cœur, d'un amour pour moi d'un si haut prix,
Recueille avidement les plus faibles débris.
Te haïr ! Qu'ai-je dit ? garde-toi de me croire :
Non, déjà ton parjure est loin de ma mémoire.
Écoute : je pourrai, si tu dois me trahir,
Mourir de ma douleur, mais non pas te haïr !

FIESQUE.

Accorde à mon amour la faveur qu'il implore :
Avant de me juger, attends un jour encore,
Un seul jour, et tes maux sont finis à jamais !
Oui, ton cœur y consent, oui, tu me le promets,
Et tu ne voudras point tromper mon espérance !

LÉONOR.

Hélas ! je promets tout !... mais de ton inconstance
Si malgré mes soupçons je n'ai point à gémir,
Il est d'autres malheurs dont mon cœur doit frémir !
Oui, tes discours obscurs cachent quelque mystère
Qui pèse sur ton cœur et que tu veux me taire :
Quel est-il ?.. Mon amour craint de t'interroger.
O ciel ! s'il était vrai ! si quelque affreux danger
Attendait mon époux et menaçait sa vie ?
Naguère de soupçons, de chagrins poursuivie,

Faible et dans l'abandon, loin de toi je pleurais;
Eh bien! ces jours de deuil, je les regretterais,
Je souffrais seule au moins! Dieu puissant que j'implore,
Protège mon époux, et qu'il m'outrage encore!

FIESQUE.

Dissipe un vain effroi, tes chagrins vont finir.
Et pourquoi, Léonor, redouter l'avenir?
Non, de tes maux passés écarte la mémoire;
L'avenir nous promet le bonheur et la gloire.

LÉONOR.

Je tremble malgré moi!

FIESQUE.

    Cesse de t'affliger.

LÉONOR.

Tu me parles de gloire! en est-il sans danger?

FIESQUE.

Chasse, je t'en conjure, une effrayante image.
Mon amour ne peut-il réveiller ton courage?
Crois-moi, nos vœux demain te seront tous connus.
Espère un heureux sort, et ne m'accuse plus.
J'entends du bruit... Bientôt j'irai sécher tes larmes.
Rentre.

LÉONOR.

    Eh bien! tu le veux? je bannis mes alarmes.
Mais ton sort est mon sort, tes périls sont les miens:
Je t'ai donné mes jours, Fiesque... Tu t'en souviens?
Tu ne l'oublieras pas?... Adieu, je vais t'attendre.

SCÈNE V.

FIESQUE, HASSAN.

FIESQUE.

Qui, moi? je trahirais un dévouement si tendre?
Non! non! C'est toi, Hassan, que viens-tu m'annoncer?
Mes soldats?

HASSAN.

Au combat brûlent de s'élancer.

FIESQUE.

Ils sont ici?

HASSAN.

J'ai su, jusques au monastère,
De leurs déguisemens protéger le mystère:
Tout est prêt.

FIESQUE.

Mes vaisseaux?

HASSAN.

Sont dans le port.

FIESQUE.

Ta voix,
Sur mes desseins futurs, a trompé les Génois?

HASSAN.

Le Maure à ce succès n'a pas borné son zèle:
Ma prudence a fait plus que vous n'attendiez d'elle.

FIESQUE.

Comment ?

HASSAN.

D'Octavio connaissez-vous le seing ?

FIESQUE.

Oui.

HASSAN lui remettant un papier.

Regardez.

FIESQUE.

Que vois-je ?

HASSAN.

Au poignard assassin,
De douze sénateurs il dévouait la tête.

FIESQUE.

O ciel !

HASSAN.

Il veut leur mort, et sa haine l'achète.

FIESQUE.

Quoi? l'infâme a signé l'ordre de les frapper?

HASSAN.

Nul à ses coups, sans moi, ne pouvait échapper.

FIESQUE parcourant le papier.

Douze noms glorieux qu'un peuple entier vénère!....
Mais qui t'a pu livrer cet ordre sanguinaire?

HASSAN.

Votre or... J'ai vu le chef de ces infortunés
Qu'à des périls constans vos lois ont condamnés,

Et qui, prêts au supplice et bravant les souffrances,
Vendent un fer docile à toutes les vengeances.
Avant que vos bienfaits me vinssent protéger,
Parmi ces malheureux on m'a vu me ranger.
Je rencontre en ces murs le brave qui les guide :
Étonné, je soupçonne un complot homicide,
Je lui parle, il se tait. Je fais briller de l'or;
Je l'entraîne; il me suit, m'écoute, hésite encor;
Mais enfin sa raison, par l'ivresse enchaînée
A mes séductions languit abandonnée,
Il se rend, me remet la liste des proscrits,
Et de sa trahison il emporte le prix.

FIESQUE.

Parle, d'un tel service exige le salaire.

HASSAN.

J'aurai bientôt le seul qu'attende ma colère :
Les larmes des Génois

FIESQUE à part.

Et j'ai besoin de lui!

HASSAN.

Ce n'est pas tout encore! Écoutez : aujourd'hui
J'ai su qu'Octavio, dans le fond de son ame,
Nourrissant en secret une coupable flamme,
De la jeune Berta suivait partout les pas.
Qu'elle tremble!

FIESQUE.

Il est vrai, je ne l'ignorais pas.

Ce criminel amour dont l'ardeur le dévore,
A mes vastes desseins pourra servir encore.

HASSAN.

Il vient de se souiller d'un nouvel attentat.

FIESQUE.

Qu'a-t-il fait?

HASSAN.

On prétend qu'au milieu du sénat,
Aux ordres insolens qu'avait dictés sa rage,
Vos généreux amis refusaient leur suffrage,
Et que, pour les contraindre, appelant ses soldats,
Il les a menacés des fers ou du trépas.
Le peuple, en apprenant cette nouvelle offense,
Partout des sénateurs embrasse la défense.
On s'assemble, on murmure, on songe à les venger.

FIESQUE.

L'imprudent! son orgueil lui cache le danger;
Tout marche vers le but où mon audace aspire!
Lui-même à mon triomphe Octavio conspire!
Mais qu'entends-je? des cris s'élèvent jusqu'aux cieux!

HASSAN regardant par la fenêtre.

Oui, le peuple en tumulte approche de ces lieux,
Vers le palais ducal tournant des yeux farouches.

FIESQUE.

Quel bruit?

HASSAN.

Le nom de Fiesque est dans toutes les bouches.

FIESQUE.

Mon nom? que veulent-ils? Cours, et que sans-délais
A cette populace on ouvre mon palais.

SCÉNE VI.

FIESQUE seul.

Allons, de cette foule inconstante et légère,
Rallions à mes vœux la fureur passagère;
En plaignant ses malheurs, échauffons son courroux.

SCENE VII.

HASSAN, FIESQUE, Génois.

FIESQUE.

Génois, qui vous attire, et que demandez-vous?
Votre plainte à mon cœur n'est jamais importune,
Et mon palais toujours s'ouvrit à l'infortune;
Vous le savez, parlez, dites-moi vos douleurs,
La main de votre ami peut essuyer vos pleurs.

UN GÉNOIS.

Nos malheurs sont au comble.

FIESQUE.

Hélas! je les partage.

LE GÉNOIS.

Du sénat et du peuple ignorez-vous l'outrage?
De nos droits méconnus les nobles défenseurs,
Ont osé résister aux vœux des oppresseurs,
Ils ont été bannis de l'enceinte sacrée!
Aux fureurs d'un tyran Gène entière est livrée!

FIESQUE.

Oui, mais de ces transports, de ces cris furieux,
Enchaînez à ma voix l'essor audacieux :
Se peut-il? c'est à moi que s'adressent vos larmes?
Croyez-vous donc que Fiesque ignore les alarmes?
Sous un pouvoir sans frein, comme vous incliné,
Suis-je donc moins esclave et moins infortuné?
Peut-être Octavio, que nul forfait n'arrête,
Aux meurtriers demain aura livré ma tête!

LE GÉNOIS.

Nous vous défendrons tous! c'est à lui de trembler.

FIESQUE.

Ah! du moins, puisse-t-il avant de m'immoler,
Ne me pas enlever ma plus douce espérance!
Oui, si je peux encor, soulageant leur souffrance,
A mes concitoyens prodiguer mes secours,
Avec moins de regrets j'abandonne mes jours!

LE GÉNOIS.

Noble Fiesque!

FIESQUE s'approchant de lui.

C'est vous qu'une aveugle furie
Força naguère à fuir les champs de la patrie!

LE GÉNOIS étonné.

Mes maux vous sont connus!

FIESQUE.

Ils seront réparés.

Il s'approche des Génois, et s'arrête auprès de chacun d'eux avec intérêt et affection.

Je sais, Lothario, quels affronts vous pleurez :
Votre épouse future à vos bras enlevée,
Votre chaumière en feu.......

LE GÉNOIS.

Vos soins l'ont relevée !

FIESQUE.

N'en parlons plus!... et vous, Fiorelli, Stéphano,
Infortuné Bertram, Stella, Noldi, Steno.....
On m'a dit les tourmens dont vous fûtes victimes;
D'Octavio partout je retrouve les crimes.

LE PREMIER GÉNOIS.

Amis, il sait nos noms!

FIESQUE.

Mes yeux veillent sur vous.

LE PREMIER GÉNOIS.

Généreux bienfaiteur, Gène est à tes genoux;
Vois son peuple adorant tes vertus, ton courage !

FIESQUE.

Craignez Octavio, n'éveillez pas sa rage.
Nous n'avons plus de lois, et vous devez savoir
Qu'après lui, Doria lui transmet son pouvoir,
Votre sang et vos biens deviendront sa conquête,
Et le bandeau ducal ceindra bientôt sa tête !

LE PREMIER GÉNOIS.

Non.

FIESQUE.

Qui peut s'opposer aux vœux de son orgueil ?
Si Gêne ranimée et sortant d'un long deuil,
Rencontrait un vengeur, à son pays fidèle,
Qui fût heureux de vaincre ou de périr pour elle ;
Sans doute par ses soins l'État serait sauvé ;
Mais existe-t-il ?

LE PREMIER GÉNOIS.

Oui, le peuple l'a trouvé !
Il est digne du trône, il sera notre maître !
Son nom.....

FIESQUE.

Fiesque, Génois, ne le veut point connaître !
Allez : d'Octavio le soupçonneux courroux,
Peut-être punirait mon dévoûment pour vous ;
Il n'accueille jamais l'infortuné qui pleure.....
Quand le soir aux plaisirs livrera ma demeure,
Venez à votre ami raconter vos revers,
A tous les malheureux mes trésors sont ouverts,
Qu'ils accourent, mes soins adouciront leur peine.

LE GÉNOIS.

Fiesque est l'heureux sauveur, le seul espoir de Gêne !

FIESQUE *les conduisant.*

Bas au Maure.

Il n'est que votre ami..... Va, je compte sur toi,
Suis-les......

LE GÉNOIS.

Nous reviendrons, Fiesque.

Ils sortent.

FIESQUE *à part.*

Gène est à moi.

———

ACTE TROISIÈME.

SCÈNE PREMIÈRE.

VERRINA, BERTA.

BERTA.

N'est-il plus ici bas de bonheur pour mon père ?
L'instant qui nous rassemble est un instant prospère ;
Ce front morne et rêveur ne peut-il s'éclaircir ?
Quels que soient vos chagrins , je veux les adoucir.
Oh ! que ma voix pénètre en votre ame attendrie ,
Je suis votre Berta , votre fille chérie !

VERRINA.

A de pareils chagrins ton âge est étranger.

BERTA.

En est-il que mon cœur ne veuille partager ?

VERRINA.

Je pleure ma patrie.

BERTA.

      Il vous reste une fille.

VERRINA.

Ah ! mes concitoyens sont aussi ma famille ;
Mais, non, c'est trop long-temps m'irriter de leurs fers,
C'est trop m'associer aux maux qu'ils ont soufferts,
Ces indignes Génois, faits pour ramper sans cesse,
Sous le joug qu'un barbare impose à leur bassesse ?
Toi seule, de tes soins m'apportant le secours,
D'un bonheur pur encor remplirus mes vieux jours.
Oh ! ma fille, je touche au terme de la vie,
A mon amour, au moins, on ne t'a pas ravie.
Le dirai-je ? Souvent un horrible soupçon
A passé dans mon ame et troublé ma raison ;
Oui, Berta, j'ai cru voir et j'ai vu dans nos fêtes
L'infâme Octavio, dédaignant ses conquêtes,
Muet, et, devant toi, tout-à-coup arrêté,
D'un regard insolent profaner ta beauté ?
S'il osait !.. Sur mon cœur, oh ! viens que je te presse,
Laisse-moi rassurer ma craintive tendresse !

BERTA.

Quels présages affreux vous viennent agiter ?

VERRINA.

Dans ses lâches projets qui pourrait l'arrêter ?
Tu le connais !..... Mais, non, sa fureur ennemie
N'oserait d'un vieillard conspirer l'infamie ;
Je m'égarais, Berta, chassons un vain effroi,
Je suis heureux encor, ma fille est près de moi !
Écoute : les chagrins ont hâté ma vieillesse,

2ᵉ ÉDITION.   4

Je veux à d'autres soins confier ta faiblesse;
Du jeune Manfredi j'ai reçu les aveux,
Il t'aime!.... Eh bien! Berta, je comblerai ses vœux;
Et, puisque notre gloire est à jamais flétrie,
Détournant mes regards des maux de la patrie,
Je veux de votre hymen allumer le flambeau,
Et voir votre bonheur en entrant au tombeau!

BERTA.

Mon père !

SCÈNE II.

MANFREDI, VERRINA, BERTA.

VERRINA.

Manfredi, viens, notre cœur t'appelle,
Tes vœux me sont connus; mon amitié fidèle
Veut enfin les combler et rapprocher le jour
Que depuis si long-temps implore ton amour;
A tes soins, mon ami, je vais léguer ma fille,
Et, cherchant un refuge au sein de ma famille,
J'abjure désormais un espoir mensonger;
J'adorais mon pays, je voulais le venger.
N'y pensons plus!

MANFREDI.

Grand Dieu! que dites-vous, mon père?
Accablé de nos maux, vous fuyez? Moi, j'espère!

On usurpa nos droits, ils seront reconquis !
Détrompez-vous ! paré du nom de votre fils,
A mon bras désormais il n'est rien d'impossible ;
Opposons aux revers un courage inflexible :
Les flambeaux de l'hymen pour moi vont s'allumer ;
Berta, la gloire est chère à qui sait bien aimer,
Mon cœur en a besoin ; voici l'heure venue
Où va se révéler ma jeunesse inconnue ;
J'ombragerai l'autel des palmes de l'honneur !
Digne de votre amour, armé de mon bonheur,
De ce peuple opprimé je veux briser la chaine,
Et vous offrir pour dot la liberté de Gène.

BERTA.

Qu'entends-je ?... Ah ! les soupçons veillent autour de nous !
N'exposez pas des jours qui ne sont plus à vous ;
Faudra-t-il, quand mon cœur rêvait un sort prospère,
Craindre pour mon époux et trembler pour mon père ?
Dans la route où vos vœux brûlent de s'engager,
Vous voyez le triomphe et je songe au danger !
Je suis jeune et timide, excusez ma faiblesse !
Consoler notre père, embellir sa vieillesse,
Voilà votre devoir, Manfredi, c'est le mien !

VERRINA.

Avant d'être mon fils il était citoyen !
Ne tente point, Berta, d'enchainer son courage ;
Il ranime mon cœur flétri par l'esclavage :
Je suis fier des liens qui vont l'unir à moi !

4.

Va, laisse-nous, ma fille, et calme ton effroi.
Quelqu'un vient.

BERTA.

Prosternée à l'autel de Marie,
Je vais prier pour vous!

MANFREDI.

Priez pour la patrie!

SCENE III.

MANFREDI, VERRINA, FONDI, Sénateurs.

VERRINA.

Te voilà, cher Fondi!.... Que vois-je? sur ton front
Je crois lire.....

FONDI.

L'espoir de venger notre affront.

VERRINA.

Que dis-tu? cet espoir, Fondi, qui l'a fait naître?

FONDI.

Les Génois indignés ne veulent plus de maître?

VERRINA.

Comment?..... et quel garant?....

FONDI.

Furieux, égaré,
De vous, de Manfredi, je m'étais séparé;

Nourrissant dans mon cœur une haine profonde,
Seul, j'errais dans les lieux où la misère abonde,
Et de Gène, à pas lents, j'atteignais les remparts;
Soudain j'entends du bruit, je vois de toutes parts
De nombreux citoyens s'assembler en tumulte;
Ardens à prodiguer la menace et l'insulte,
Les uns d'Octavio dénoncent l'attentat;
D'autres parlent du peuple et des droits du sénat;
Dans les cœurs irrités la révolte fermente;
On marche, on s'interroge, et la foule s'augmente;
Et je vois s'y mêler ces hommes turbulens,
Souvent de leurs travaux déserteurs insolens,
Qui, couverts de haillons, à la misère en proie,
Pour parer notre orgueil, tressent l'or et la soie;
Ils poussaient jusqu'au ciel des cris audacieux;
J'accours!... d'un bienfaiteur qui se cache à nos yeux,
Leur richesse d'un jour trahissait l'opulence;
Je m'attache à leurs pas, et j'écoute en silence;
Leurs discours ont bientôt confirmé mon soupçon,
Et leur reconnaissance a prononcé son nom.

VERRINA.

Quel est-il?

FONDI.

Fiesque.

MANFREDI.

Fiesque!

FONDI.

On le vante, on l'honore;

Ses bienfaits cachent-ils un projet que j'ignore ?
Ou veut-il seulement, par de généreux soins,
De ces infortunés prévenir les besoins !
Je ne sais, Verrina, mais de son assistance
Vous avez, comme moi, reconnu l'importance ;
Pour abattre un pouvoir qu'il est temps de punir,
Il faut à nos complots le forcer de s'unir.

MANFREDI.

Qu'il se déclare enfin !

VERRINA.

    Je l'attends : voici l'heure
Où sa jeune amitié visite ma demeure;
Voyons s'il plaint les maux de ses concitoyens.
Le voici : que vos yeux s'attachent sur les siens !

SCÈNE IV.

Les mêmes, FIESQUE.

FIESQUE.

Eh bien ! cher Verrina, ton ame consternée,
Vers des pensers plus doux est-elle ramenée ?
Je veux aux noirs chagrins qui consument tes jours,
De mes soins assidus apporter les secours.
Ne les rejette pas; que ma voix te console,
L'amitié reste au moins quand le bonheur s'envole.

VERRINA.

Me consoler !.... Tu sais sans doute quels affronts
Appellent notre haine et font rougir nos fronts ?
Tu sais, et ce qu'on ose, et ce qui reste à craindre.

FIESQUE.

Je le sais ! mais hélas ! je ne puis que vous plaindre.

VERRINA.

Outrager le sénat, n'est-ce pas t'outrager ?

FIESQUE.

En de pareils malheurs , que faire?

MANFREDI.

      Nous venger !

FIESQUE.

Et comment ?

MANFREDI.

    Des Génois réveillons le courage.

FIESQUE.

Qu'en attends-tu? Ce peuple a besoin d'esclavage !
Que serviraient, amis, d'imprudentes clameurs ?
Au changement des temps il faut plier nos mœurs.

VERRINA.

Pour la dernière fois, Fiesque , je t'interroge :
Est-il vrai que, soumis aux caprices du Doge ,
Quand ce peuple est comblé de tes dons généreux ,
Tu trahis à jamais ses destins malheureux ?

Réponds : à ton nom seul il s'agite, il espère,
Nous voulons le sauver !... Et toi, que veux-tu faire ?...
Tu ne me réponds pas !

MANFREDI.

Qu'est-il besoin de lui ?
Génois, c'est trop long-temps implorer son appui !...
Du peuple, au sein des jeux, qu'il dédaigne les larmes,
Le courage nous reste, et nous avons des armes !

VERRINA.

Oui, Fiesque, c'en est fait, le mépris....

FIESQUE.

Le mépris !....
Insensés !.... Mais dis-moi, n'entends-tu pas des cris ?
N'ont-ils pas retenti dans ton ame troublée ?
Vois, une femme accourt, tremblante, échevelée,
C'est ta fille !

VERRINA.

Berta !

SCÈNE V.

LES MÊMES. BERTA.

BERTA.

Mon père, sauvez-moi !

VERRINA.

Que vois-je ? quel désordre ! et d'où vient cet effroi ?

BERTA.

Ah ! ne me quittez pas, Génois, je vous implore !
Regardez : il est là qui me poursuit encore !

VERRINA.

Rassure-toi, ma fille.

BERTA.

Oui, mon père, c'est vous ?

MANFREDI.

Vous entendez la voix d'un père et d'un époux,
Ne craignez rien, Berta !

BERTA.

Je demande vengeance !

VERRINA.

Contre qui ?

BERTA.

De Marie implorant la clémence,
Je priais sans témoins dans ce lieu retiré
Qu'à la mère du Christ mes vœux ont consacré ;
Sur mes lèvres soudain la prière s'arrête,
Et, tremblante, je vois en détournant la tête,
Dans l'asile pieux trois Génois s'élancer.
Je frémis !.... Jusqu'à moi l'un d'eux osé avancer,
Et sa lâche fureur méprisant ma faiblesse,
Veut au toit paternel arracher ma jeunesse.

MANFREDI.

Grand Dieu !

VERRINA.

Ma fille!

BERTA.

En vain j'embrasse ses genoux,
Le barbare déjà m'entraînait loin de vous,
C'en était fait!..... Ma main s'arme de son épée,
Il recule!... et ravie à sa fureur trompée,
J'accours, dans votre sein déposant ma douleur,
A l'amour paternel demander un vengeur!

VERRINA.

Qui t'offensa? réponds sans tarder davantage!

BERTA.

Un masque à mes regards dérobait son visage!

VERRINA.

Qu'entends-je? et dans ton cœur rien n'éveille un soupçon?

BERTA.

Oui, mon père, sa voix m'a révélé son nom!

VERRINA.

Eh bien!

BERTA.

Octavio!

VERRINA.

Dieu!

MANFREDI.

Vous serez vengée!

VERRINA.

Mes armes !...

FONDI l'arrêtant.

Malheureux !...

VERRINA.

Ma famille outragée !...

Mon nom flétri !...

FONDI.

Calmez cet affreux désespoir.

BERTA.

Mon père !

VERRINA.

Le barbare ! oui, j'ai dû le prévoir,
Que des plus saintes lois son audace affranchie
Attacherait l'opprobre à ma tête blanchie !
Génois, vous le savez, j'ai vieilli dans les pleurs,
Ma fille, seul appui qui reste à mes douleurs
M'aidait à supporter le fardeau de la vie,
A mes bras paternels sera-t-elle ravie ?....
Regardez !... son aspect semble vous glacer tous !
Vous gémissez sur moi !.... Tremblez aussi pour vous !
Suffit-il aujourd'hui de clameurs passagères ?
Ma cause est maintenant celle de tous les pères !
C'est la vôtre, Génois ! vous serez tous flétris !
Contre un vil ravisseur est-il quelques abris !
Il souille nos foyers !... De ses complots infâmes
Qui défendra vos sœurs, vos filles et vos femmes ?

Venez, rassemblez-vous autour de mon poignard,
Et ne repoussez pas les larmes d'un vieillard !
C'est un père outragé qui réclame vengeance !

BERTA.

Nous l'obtiendrons ! Génois, vous prendrez ma défense !
Au sort d'un peuple entier mon sort vient de s'unir,
Cessez donc de me plaindre, et songez à punir !
Armez-vous ! combattez !

VERRINA.

Vous venez de l'entendre !
Pour frapper maintenant qui parlera d'attendre ?
Ses pleurs accuseront vos timides délais !....
Doria règne encor !...

MANFREDI.

Courons à son palais !
Trainons son corps sanglant aux pieds de sa victime,
Amis !... honte éternelle au cœur pusillanime,
Transfuge de la gloire au sein des voluptés !
Laissez-lui ses plaisirs et suivez-moi !

FIESQUE, les arrêtant et se plaçant au milieu d'eux.

Restez !

FONDI.

Comment !

FIESQUE.

Où vous égare une fougue insensée ?...
Ne vouliez-vous pas lire au fond de ma pensée ?

Ne prétendiez-vous pas, d'un regard indiscret,
Percer le voile obscur qui couvre mon secret?
Vous l'osiez soulever!... et moi je le déchire!
Votre oisive fureur, ardente à les maudire,
Des tyrans, à grands cris, conspire le trépas :
Génois !... moi je les frappe, et ne les maudis pas!

VERRINA.

Qui ? toi !

FIESQUE.

Vous avez cru que ma haine endormie,
Des fers que nous portons acceptait l'infamie?...
Vous qui des oppresseurs dénonciez les excès,
Qu'avez-vous fait contre eux?..Vous parliez!..j'agissais!
Qu'ont produit vos discours, vos éternels murmures?
Ont-ils délivré Gène et vengé nos injures?
En agitant vos fers, les avez-vous brisés?
Savez-vous quel destin vous menaçait ? Lisez !

Il leur remet la liste de proscription.

FONDI.

Grand Dieu !

FIESQUE.

D'Octavio les soupçons sanguinaires
Abandonnent vos jours aux poignards mercenaires !
Sur la liste homicide où vos noms sont tracés,
Mon nom ne s'offre point à vos yeux courroucés !
Vous gémissiez !.. et moi sur le bord de l'abîme,
Avant de l'y pousser, j'aveuglais ma victime.

Flatteur d'Octavio, compagnon de ses jeux,
J'endormais les soupçons d'un despote ombrageux;
Et si j'étais trahi, si quelque confidence
Tentait sur mes projets d'éveiller sa prudence,
Se fiant au plaisir qui suit partout mes pas,
Le Doge sourirait et ne la croirait pas.

VERRINA.

Fiesque!

FIESQUE.

Vous m'accusiez! et du milieu des fêtes,
Seul, au glaive assassin je dérobais vos têtes!
Mais c'est peu que mon bras vous prêtât son appui,
J'ai voulu sauver Gène et la sauve aujourd'hui!

VERRINA à part.

Il nous aurait trompés!

BERTA.

Ma vengeance est certaine!

FIESQUE.

Livrés aux vains transports de votre aveugle haine,
De mes succès futurs vous renversiez l'espoir,
J'ai dû vous arrêter!... Vous allez tout savoir:
Vous couriez au supplice et non à la vengeance.
Entouré de soldats armés pour sa défense,
L'oppresseur braverait votre imprudent effort:
Rangez-vous près de moi, je vous promets sa mort.

Tout est prêt : réunis à la voix d'un seul homme,
Les secours de la France et les trésors de Rome
De mon vaste complot protègent le succès :
Mille guerriers vendus à mes hardis projets,
N'attendent qu'un signal pour ressaisir leur glaive ;
Je n'ai qu'à dire un mot, tout un peuple se lève.
J'ai de l'or, des soldats, des armes, des vaisseaux,
Je suis maître dans Gène et règne sur les eaux ;
Des Doria déçus par ma feinte indolence,
Partout mon nom vengeur menace l'insolence ;
Mais ils ne l'entendront qu'en tombant sous mes coups.

FONDI *s'inclinant avec les sénateurs, excepté Verrina.*

Nous sommes à tes pieds !

VERRINA.

                    Génois, relevez-vous !
Fiesque, je l'avoûrai, j'admire ton génie !
Mais tu dois sans retour frapper la tyrannie,
Songez-y, sans retour !

FIESQUE.

                    Je change vos destins !
A l'éclat des plaisirs, au luxe des festins
Pour la dernière fois va s'ouvrir ma demeure,
Mêlez-vous à nos jeux ! et quand la dixième heure
Dans les cieux obscurcis ramènera la nuit,
Soyez prêts ! Gène attend et Fiesque vous conduit !

S'approchant de Berta.

Fille de Verrina, que ta douleur espère !

MANFREDI à Verrina.

Fiesque s'arme avec nous, consolez-vous, mon père!

VERRINA seul.

Mes yeux avec effroi lisent dans l'avenir;
Est-ce un tyran de plus qu'il nous faudra punir?

———

ACTE QUATRIÈME.

Même décoration qu'au premier acte.

SCÈNE PREMIÈRE.

HASSAN seul.

De festons odorans le palais se décore,
J'entends déjà frémir la harpe et la mandore ;
Dans les vastes jardins mille feux suspendus,
Les esclaves en foule en tous lieux répandus,
L'élan impétueux d'une feinte allégresse,
Tout appelle aux plaisirs une oisive jeunesse,
Et bientôt la révolte, à ce peuple indolent,
Doit, au bruit des concerts, montrer son front sanglant.
On ne m'abuse point, et la lutte est prochaine,
Ce jour va décider de l'avenir de Gène !...
Depuis que, devinant sa future grandeur,
J'osai de ses desseins sonder la profondeur,
Fiesque, de mes conseils repousse l'assistance,
Son orgueil entre nous rétablit la distance ;
Au moment du succès rougirait-il de moi ?
Que veut-il donc ? sans doute il compte sur ma foi,

Et prétend, fatigué de mon zèle servile,
Briser son instrument s'il devient inutile?
Ne me connaît-il pas? Du moins il doit songer
Que son mépris m'offense et n'est pas sans danger.
C'est lui.

SCÈNE II.

FIESQUE, HASSAN.

HASSAN.

De mon repos je me plains à mon maître;
Fiesque n'a-t-il donc rien à me faire connaître?
Tous ses ordres déjà m'ont-ils été donnés?

FIESQUE.

Non, pas encore.

HASSAN.

Eh bien, je suis prêt, ordonnez!

FIESQUE.

Dans les murs de Voltry, Hassan, tu vas te rendre.

HASSAN.

Qu'entends-je? un tel message a droit de me surprendre.

FIESQUE.

De ton bras en ce lieu mes projets ont besoin.

HASSAN.

Pour servir vos projets faut-il aller si loin?

FIESQUE.

Là, t'attend un guerrier qui, dirigeant ton zèle,
T'instruira des devoirs où mon ordre t'appelle.

HASSAN.

Quoi ! le sort des Génois se décide aujourd'hui,
Fiesque est prêt à frapper, et m'écarte de lui :
Quel est donc son dessein? Quand, près d'ouvrir la lice,
Parmi des jeux trompeurs la révolte se glisse,
Pourquoi loin des Génois exiler mon poignard?
Dans ce débat sanglant je réclame ma part.
Si j'ai de vos bienfaits accepté l'esclavage,
A votre ambition dévouant mon courage;
Si je suis l'instrument de ces hardis projets
Qui mènent au supplice ou donnent des sujets,
Pensez-vous qu'un peu d'or à vos ordres m'enchaîne?
Non : mon cœur ulcéré n'obéit qu'à sa haine;
Proscrit par les Génois, je voulus les punir;
J'adoptai vos complots : tout doit nous réunir.
Il faut qu'on dise un jour du couchant à l'aurore :
« Fiesque voulait régner, il rencontre le Maure,
» D'un peuple entier par eux le destin est changé,
» Ils frappent; Fiesque règne, et le Maure est vengé! »
Pourquoi nous séparer? l'intérêt nous rassemble,
Je ne vous quitte pas! Nous conspirons ensemble !

FIESQUE à part.

Quel opprobre? et pourtant il le faut ménager!

Haut.

Hassan m'a mal compris : lui, rester étranger
A ces nobles exploits que rêve ma vaillance!....
Non, il a mérité toute ma confiance.

5.

Sans lui me livrerais-je à l'espoir de régner ?
De ma vue un moment s'il me faut l'éloigner,
C'est un poste d'honneur que j'offre à son courage,
Et de son dévoûment j'attends encor ce gage;
Qu'il se rende à Voltry.

HASSAN.

Je vous dois obéir :
Par l'orgueil des Génois instruit à les haïr,
J'espérais que leur sang laverait mon injure ;
Vous condamnez ce vœu? pardonnez, je l'abjure;
Mon bras vous est utile ailleurs qu'en ces remparts;
Vos ordres sont mes lois : vous commandez, je pars.

SCÈNE III.

FIESQUE seul.

Qu'il s'éloigne; au moment où je saisis mes armes,
Quand d'un peuple abattu, prêt à sécher les larmes,
Je marche vers le trône où m'attend son amour,
Je ne ternirai point l'éclat d'un si beau jour :
Oui, l'absence du Maure importait à ma gloire,
Sa fureur homicide eût souillé ma victoire!
Je sentais près de lui mon cœur se soulever !
A quels affronts contraint l'ardeur de s'élever !
D'un abject confident l'insolence me brave,
Et je me vois réduit à flatter un esclave!

Moi!... mais je l'ai trompé : vers de lointains climats
Dès demain, chargé d'or, il portera ses pas!....
Mes soldats sont ici!... le plaisir m'environne!
Un seul instant, un seul, me sépare du trône!

SCÈNE IV.

FIESQUE, LÉONOR.

LÉONOR.

Ah! mon cœur alarmé te cherchait en tous lieux,
Fiesque! de tes discours le sens mystérieux,
Cette voix, ces regards qu'un noble espoir enflamme,
A de vagues terreurs avaient livré mon ame,
Et sous l'ombrage épais d'un bosquet d'orangers,
Mon amour inquiet rêvait à tes dangers;
J'entends un faible bruit, je m'approche tremblante...
Des flambeaux suspendus la clarté vacillante,
Montre à mes yeux surpris des soldats inconnus,
Jusque dans tes jardins en secret parvenus;
D'incertaines lueurs frappaient leurs traits sinistres :
Si d'un complot affreux ils étaient les ministres?
Du lâche Octavio si le pouvoir jaloux
Avait à leurs poignards désigné mon époux!....
J'ai prêté vainement une oreille attentive,
Ils n'ont point éclairé ma tendresse craintive,
Je tremble..... Mais je cours, révélant leurs desseins,
Armer tous tes amis contre ces assassins,

Leur courage aux dangers dérobera ta tête ;
Aux cris de ma douleur ils viendront tous....

FIESQUE.

                              Arrête !
Ces soldats inconnus ne me frapperont pas,
Ils ont juré ma gloire et non point mon trépas !

LÉONOR.

Ta gloire ! Que dis-tu ?

FIESQUE.

                    Bannis un vain présage !

LÉONOR.

Qu'entends-je ? Tes projets arment-ils leur courage ?

FIESQUE.

Peut-être !

LÉONOR.

                    Il est donc vrai ! les voilà donc connus
Ces périls qu'aujourd'hui ma douleur a prévus !
De quelques insensés protégeant la chimère,
Tu veux livrer au peuple un pouvoir éphémère ;
La menace à la bouche et les pieds dans le sang,
Tu vas à ses fureurs t'unir en rougissant !
Et quel sera, dis-moi, le fruit de la victoire ?
L'anarchie et la mort ?

FIESQUE.

                    Le repos et la gloire !
Abjure des soupçons qui doivent m'offenser.

Qu'as-tu dit, Léonor? as-tu pu le penser,
Que Fiesque, dans nos murs, ramenant la licence,
Au noble Doria ravirait la puissance,
Pour la jeter aux mains de quelques factieux,
D'un peuple dégradé flatteurs ambitieux?
Non! les lois dès long-temps ont perdu leur empire;
L'or a tout corrompu, la république expire.
Pour qu'un peuple soit libre, il lui faut dès vertus.
Rome dégénérée eut-elle des Brutus?
Les temps sont accomplis, Gène a besoin d'un maître;
Sous le sceptre d'un roi sa gloire va renaître.
Mais ton cœur alarmé craint ces conspirateurs,
D'une sanglante idole ardens adorateurs!
Au seul nom d'un tyran, leur inflexible haine
Gémit sur la patrie et veut rompre sa chaîne;
Entraînant dans la lice un peuple révolté,
Ils le guident au meurtre, en criant : liberté!
La liberté! Leurs bras s'arment pour la défendre;
Ils jurent son triomphe.... ils sont prêts à la vendre!
Ces fiers républicains porteront tous mes fers.
Tu les verras bientôt, de dignités couverts,
Demi-tyrans, sortis des discordes civiles,
Fatiguer mon pouvoir de leurs respects serviles,
Du poids de leur orgueil écraser mes sujets,
Et tous, dans mes regards, épiant mes projets,
Devant un peuple entier, qui se courbe en silence,
De leur grandeur nouvelle étaler l'insolence!

LÉONOR.

Ah! sur ton sort futur jette avec moi les yeux!
Je veux te l'accorder : oui, la faveur des cieux,
A ton ambition prodiguant les miracles,
Devant tes pas vainqueurs renverse les obstacles :
Tu règnes... Crois-tu donc, dans ce suprême honneur,
Pour prix de tant d'efforts rencontrer le bonheur?
Pour toi plus de repos, plus d'amis, plus d'épouse!
Ah! ne le sais-tu pas? l'ambition jalouse
Veut seule commander au cœur qu'elle a dompté;
Près d'elle tout s'éteint! Quand tu seras monté
A ce funeste rang qu'appelle ton audace,
Ton ame, pour l'amour, aura-t-elle une place?
Hélas! ta Léonor, en s'approchant de toi,
Cherchera son époux, et ne verra qu'un roi!
Viens, loin de ces Génois qu'un fol espoir anime,
Loin d'un trône élevé sur le bord d'un abime,
De tes champs paternels cherchons l'heureux séjour.
Là, fuyant la grandeur, tu trouveras l'amour.
De plaisirs sans regrets, peuplant ta solitude,
Charmer tous tes momens sera ma seule étude;
Je saurai de bonheur entourer tes loisirs,
Écarter les chagrins, deviner tes désirs.
Viens, l'amour nous attend, et notre ame ravie
Sous un ciel toujours pur va savourer la vie.
Ne me repousse pas... Il en est temps encor;
Je me jette à tes pieds....

FIESQUE

Que fais-tu, Léonor?
Que m'annonce, grand Dieu, ce timide langage?
Insensé! mon amour croyait à ton courage!
Dois-je m'en repentir? Veux-tu que ton effroi
Dénonce les projets que je livre à ta foi?
Non, non! Qu'un noble orgueil s'empare de ton ame.
Des festins et des jeux la pompe te réclame.
Sois l'épouse de Fiesque... et que tes traits sereins
Voilent à tous les yeux ta crainte et tes chagrins.
Qu'ai-je fait? Je voulais au cœur qui me soupçonne,
Pour payer ses douleurs, montrer une couronne:
Imprudent!

LÉONOR.

Que dis-tu? Va, ne crains rien de moi;
Ton épouse aujourd'hui sera digne de toi.
Tu le veux? je saurai, tranquille au bruit des armes,
Enchaîner ma terreur, commander à mes larmes;
Malheureux! tes complots ne seront pas trahis.

VERRINA entrant.

Fiesque!

FIESQUE.

On vient, Léonor.

LÉONOR.

Il le faut, j'obéis:
Adieu, Fiesque, je vais où ton ordre m'envoie,
La mort au fond du cœur, présider à la joie!

SCENE V.

MANFREDI , VERRINA , FIESQUE, Sénateurs.

VERRINA.

Fiesque, l'instant approche où nous devons frapper ;
S'enivrant du plaisir qui sert à les tromper ,
Les courtisans vendus à l'oppresseur de Gène
Le livrent sans défense aux coups de notre haine ;
Tous les vrais citoyens, autour de toi rangés ,
Attendent le signal.

FIESQUE.

Leurs maux seront vengés !
Du Doge , rassuré par mon insouciance ,
Rien ne peut ébranler l'aveugle confiance.
Elvire, en mon palais vient partager nos jeux ;
Le destin nous les livre et sourit à nos vœux !
Mais, avant d'accomplir ce que Gène commande ,
Parlez, qui doit périr ?

VERRINA.

Fiesque nous le demande ?

FIESQUE.

Je le dois.

VERRINA.

Insensé ! Demande donc aussi
Quels malheurs et quels vœux nous rassemblent ici ?

Demande qui s'arma de l'amour populaire
Pour arracher aux lois leur pouvoir tutélaire ;
Demande qui flétrit nos familles en deuil
Et les force à choisir l'opprobre ou le cercueil.
Demande à nous frapper quelles mains étaient prêtes ;
Qui guidait leurs poignards, qui leur paya nos têtes,
Qui, trente ans, de son joug nous imposa l'affront ?
Fiesque, d'un peuple entier les pleurs te répondront !

FIESQUE.

Je connais nos tyrans, et j'ai compté leurs crimes.

VERRINA.

Pourquoi donc demander le nom de nos victimes ?

FIESQUE.

La mort d'Octavio doit venger nos revers ;
Mais Doria, chargé de quatre-vingts hivers,
Ne peut-il, loin de Gène à son pouvoir ravie,
Achever inconnu les restes de sa vie ?
Épargnons ses vieux jours : le glaive des guerriers
Doit, sur ses cheveux blancs, respecter ses lauriers.

VERRINA.

Ses cheveux blancs ! qu'entends-je ? et quel est ce langage ?
As-tu donc oublié nos maux et mon outrage ?
Ses cheveux blancs ! Dis-moi s'il respecta les miens ?

FIESQUE.

Je sais qu'Octavio....

VERRINA.

Ses crimes sont les siens.
De sang et de pouvoir sa vieillesse assouvie,
A son lâche héritier livre Gène asservie,
Et caché sous la pourpre, au fond de son palais,
Il instruit son orgueil, sourit à ses forfaits.
Point de pitié ! J'entends les soupirs de ma fille,
Ses larmes ont proscrit le doge et sa famille ;
Qu'il périsse !

FIESQUE.

Il mourra, Génois, vous le voulez ?
Mais les momens sont chers ; près de moi rassemblés,
Vos cœurs impatiens d'achever notre ouvrage,
Implorent à l'envi les postes du courage ;
Écoutez : Verrina, je te donne le port :
Le jeune Spinola commande dans le fort,
L'or à tous mes projets a livré ses cohortes ;
Boricelli, mon nom va t'en ouvrir les portes.
Tu le prononceras ! Toi, brave Manfredi,
Ranimant la vertu d'un peuple abâtardi,
Tu parcours tous les lieux où gémit l'indigence,
Qui se lève à ta voix en répétant : Vengeance !
Et moi, de sa langueur réveillant le sénat,
Suivi de mes guerriers je l'entraîne au combat,
Et du palais ducal à la porte Romaine,
Le cri de liberté va retentir dans Gène.

Êtes-vous prêts, amis ? Tonnant sur mes vaisseaux
Qui surveillent le doge et lui ferment les eaux,
Le bronze va bientôt marquer la dixième heure.

VERRINA.

Nous sommes prêts.

FIESQUE.

Eh bien ! qu'il l'entende et qu'il meure !

VERRINA.

Mais à tous nos desseins Fondi devait s'unir :
Fiesque, loin de ces lieux qui le peut retenir ?

FIESQUE.

Je l'ignore.

MANFREDI.

Cherchant un sentier solitaire,
Au travers des jardins s'avance avec mystère
Un Génois.... Quel effroi sur ses traits répandu !
C'est Fondi.

VERRINA.

Que veut-il?

SCÈNE VI.

LES MÊMES , FONDI.

FONDI.

Amis , tout est perdu !

VERRINA.

Qu'entends-je?

MANFREDI.

Quel discours?

FONDI.

Fuyez!

FIESQUE.

Qu'oses-tu dire?

FONDI.

Nos complots sont trahis, j'accours vous en instruire.

VERRINA.

Est-il vrai?

FIESQUE à part.

Quel soupçon! L'infâme!... Il se pourrait?...

FONDI.

J'étais auprès du doge, épiant en secret
Quels postes ses soldats gardent jusqu'à l'aurore :
On apporte un billet.

VERRINA

Quel lâche?....

FONDI.

Je l'ignore.

Le doge en le lisant murmure : Trahison !
J'écoute, et je l'entends qui prononce ton nom,
Fiesque, déjà sans doute on cherche tes complices;
Fuyez, dérobez-vous à l'horreur des supplices :
Les cachots vont s'ouvrir.

VERRINA.

Amis, immolez-moi !

MANFREDI.

Plus d'espoir !

FIESQUE bas à Fondi.

Imprudent !

FONDI.

Dispersons-nous !

FIESQUE bas, arrêtant Fondi.

Tais-toi !

(Haut.)

Quoi ! des républicains voilà donc la constance !
J'en conviens, le succès passe mon espérance ;
Fondi, je suis content, et ton rôle est rempli !

FONDI à part.

Que dit-il ?

FIESQUE (souriant).

A ta voix, tous les fronts ont pâli !
Vers les sentiers obscurs que leur terreur implore,
Leurs regards consternés se dirigent encore !

VERRINA.

Comment !

FIESQUE.

Les voilà donc, ces hardis combattans !

FONDI bas à Fiesque.

Que veux-tu ?

FIESQUE bas à Fondi.

Les tromper.

FONDI bas à Fiesque.

Qu'y gagnes-tu?

FIESQUE bas à Fondi.

Du temps !

Rien n'est perdu, demeure, imite mon langage!

VERRINA.

Quoi, Fiesque, ce récit.....

FIESQUE.

Il était mon ouvrage.

Je voulais éprouver ce courage affermi!

VERRINA.

Se peut-il?

FIESQUE bas à Fondi.

A mon nom, le doge a-t-il frémi?

FONDI bas à Fiesque.

Il semblait hésiter !

FIESQUE bas à Fondi.

Il est mort.

Haut.

Je t'admire,

Verrina!

VERRINA.

Je te crois, puisque tu peux sourire!

FIESQUE.

Poursuivons nos desseins.

FONDI bas à Fiesque.

Quand ils sont découverts?

FIESQUE bas à Fondi.

Si le Doge y croyait nous serions dans les fers;
La foudre, sans tomber, a passé sur nos têtes.

Haut.

Vous tremblez tous, Génois? rien ne trouble nos fêtes!
Rassurez-vous! déjà j'ai vu vos fronts rougir!
Réparez votre erreur, voici l'instant d'agir;
Mais avant de frapper, libérateurs de Gène,
A nos sanglans projets qu'un serment vous enchaine:
Il le faut! la patrie exige des garans;
Vos bras se sont armés pour punir ses tyrans.
Aux Génois que perdait votre terreur profonde,
De quelqu'effroi nouveau que votre sang réponde!
Si jamais l'un de nous par de lâches secours
De ceux qu'il a proscrits osait sauver les jours,
Qu'il nous trouve partout, prêts à punir son crime,
Le poignard à la main réclamant la victime,
Et que sa mort, vengeant ses compagnons trahis,
Satisfasse à la fois leur haine et son pays!
Le jurez-vous, Génois? répondez!

VERRINA.

Je le jure!

2ᵉ ÉDITION.   6

MANFREDI.

Oui, nous le jurons tous !

FIESQUE.

Honte et mort au parjure !

Venez ! aux vains plaisirs feignant de nous livrer...

SCÈNE VII.

LES PRÉCÉDENS, UN GÉNOIS.

LE GÉNOIS.

Seigneur, en ce palais le doge vient d'entrer :

VERRINA.

Le doge !

FIESQUE, bas.

Ciel !

VERRINA mettant la main sur son poignard.

Frappons.

FIESQUE l'arrêtant.

Il n'est pas temps encore.

LE GÉNOIS.

Il vous cherche, seigneur.

FIESQUE.

Sa présence m'honore.

Je vole à sa rencontre !

LE GÉNOIS.

Il marche sur mes pas,

Le voici !

FIESQUE (aux conspirateurs.)

Demeurez , et ne vous troublez pas !

SCÈNE VIII.

MANFREDI, VERRINA, ANDRÉ DORIA, FIESQUE ,
FONDI , Conspirateurs.

FIESQUE.

Quoi ! c'est vous... Pardonnez, Doge, si mon hommage
N'a point jusqu'en ces lieux marqué votre passage ;
Je ne prévoyais pas qu'honorant nos loisirs,
Doria daignerait se joindre à nos plaisirs.
De quel éclat nouveau va s'embellir ma fête ?
Esclaves, sans retard que l'on proclame....

DORIA.

                              Arrête :
De tels transports pour moi doivent-ils éclater ?
Fiesque, c'est un ami qui te vient visiter.

MANFREDI à part.

Que dit-il ?

FIESQUE.

Je suis fier.....

DORIA.

                    Fiesque, on te calomnie :
Tu veux t'armer, dit-on, contre ma tyrannie ;
Conspirant avec toi, des Génois mécontens
Menacent un vieillard qu'ils ont béni trente ans.
Tu frémis ?... Calme-toi !... Fiesque, je t'ai vu naître ;
J'ai chéri ta jeunesse, et tu n'es point un traître !

                                                    6*

Un esclave t'accuse !... et je ne croirai pas
A des délations qui partent de si bas.
Mes amis, sur la foi d'une lâche imposture,
Appelaient à grands cris les fers et la torture ;
Leur prudence déjà condamnait mes délais ;
Et moi, j'ai voulu seul me rendre en ton palais.
Doria, se mêlant aux doux jeux d'une fête,
Chez Fiesque, cette nuit, vient reposer sa tête ;
Je n'en crois que mon cœur, et s'il m'a pu tromper,
Je suis entre tes mains, Fiesque, tu peux frapper.

FIESQUE.

Doge !

DORIA.

          Un Fiesque toujours fut généreux et brave,
Je le sais !... que partout on cherche cet esclave,
Dont les avis trompeurs nous outrageaient tous deux,
Et que chargé de fers on l'amène à nos yeux ;
A ton juste courroux mon amitié le livre,
Tu fixeras son sort.

FIESQUE.

          Je lui permets de vivre.
Mon mépris lui pardonne ! Et vous, Doge, en ces lieux
Unissez-vous sans crainte à nos transports joyeux,
Votre aspect des Génois va doubler l'allégresse.

Aux conspirateurs.

Qu'à prolonger nos jeux chacun de vous s'empresse ;
Amis, loin des plaisirs c'est trop perdre de temps,
D'un bonheur fugitif savourons les instans,

Qu'à votre voix partout l'ivresse se ranime ;
Allez !

VERRINA bas à Fiesque.

Entre tes mains nous laissons la victime,
Et tu sais quels sermens doit accomplir ton bras.

FIESQUE bas à Verrina.

Oui.

VERRINA de même.

Quel est ton dessein, Fiesque ?

FIESQUE de même.

Tu l'apprendras.

Verrina et les conspirateurs s'éloignent.

SCÈNE IX.

FIESQUE , DORIA.

DORIA.

Marchons.

FIESQUE.

N'avancez pas dans ce palais perfide !

DORIA.

Quel langage ?

FIESQUE.

Il faut fuir une fête homicide,
Le temps presse.

DORIA.

Comment ?

FIESQUE.

La mort est sous vos pas.

DORIA.

Fiesque.....

FIESQUE.

Fiesque à l'instant jurait votre trépas!

DORIA.

Qu'entends-je ?

FIESQUE.

Écoutez-moi : trop long-temps opprimée,
Gène pleurait sa gloire et Gène s'est armée ;
Son amour, vous cherchant jadis au champ d'honneur,
Au chef de ses guerriers confia son bonheur ;
Quel est son sort? le deuil, l'opprobre et l'esclavage!
L'insolent Africain profane son rivage,
Nos exploits sont perdus, nos lauriers sont flétris,
Au dedans , la misère; au dehors le mépris!
Savez-vous par quels vœux, quels forfaits, quels parjures
Octavio prélude à ses grandeurs futures?
Lui, gouverner! jamais; ses fureurs aujourd'hui
Placent un mur d'airain entre le trône et lui;
Gène entière se lève en maudissant ses crimes,
Elle a choisi son maître et marqué ses victimes !....
Les momens nous sont chers, ne m'interrompez pas!
Mille ennemis secrets environnent vos pas ,
Ils ont proscrit le Doge! Un serment sanguinaire ,
M'ordonne de frapper sa tête octogénaire ,

De qui le sauverait le trépas est juré!

DORIA.

Qui t'arrête?

FIESQUE.

A ma foi Doria s'est livré;
Il pouvait, condamnant et Fiesque et ses complices,
Au récit d'un esclave, armer tous les supplices.
Il épargna mon sang, j'épargnerai le sien.
Qu'on frappe! je vous sauve, et ne vous dois plus rien!
Partez : quelques soldats, protégeant votre fuite,
De vos fiers ennemis tromperont la poursuite.
Quittez Gène à l'instant.

DORIA.

Insensé! que dis-tu?
Sous le fardeau des ans tu me crois abattu.
Ces Génois révoltés, qui m'osent méconnaître,
Vont, sous des cheveux blancs, trouver encor leur maître;
Par quatre-vingts hivers mon bras est affaibli;
Mais, au bord du cercueil, mon cœur n'a pas vieilli,
Je suis ce Doria dont les mers étonnées
Ont respecté les lois durant cinquante années!
Je n'accepterai point un indigne secours.
Moi, fuir! égorge-moi; je t'ai livré mes jours;
Un ami généreux à ta foi s'abandonne;
Va, couvert de son sang, mendier sa couronne;
Demande à tes amis le prix de mon trépas;
Frappe, je suis sans arme, et je ne fuirai pas!

Mais non! près de trahir mon amitié crédule,
A l'aspect d'un forfait, Fiesque troublé recule!...
Eh bien, que son honneur me rende à mes soldats,
Et qu'il vienne, s'il l'ose, au milieu des combats,
Me disputer l'amour et le sceptre de Gène!

FIESQUE.

Vos soldats! malheureux! leur valeur serait vaine;
Vous mourrez.

DORIA.

Que t'importe? ouvre-moi le chemin,
Que je meure du moins les armes à la main.
Mais que dis-je? tu sais que ma garde fidèle
Châtierait à ma voix une foule rebelle;
Qu'en loyal chevalier me rendre son secours,
C'est exposer ton crime et hasarder tes jours;
Tu ne l'oseras pas.

FIESQUE.

J'y consens.

DORIA.

Je t'estime.

FIESQUE.

Que le sort des combats choisisse la victime.
C'en est fait, l'un de nous demain aura vécu;
Mais le Doge, en grandeur, ne m'aura pas vaincu!
Soldats!... C'est Doria que Fiesque vous confie.

Des soldats entrent.

Accompagnez ses pas et veillez sur sa vie;

Aux soins de ses guerriers livrez ses cheveux blancs;
Vos jours en répondront.

DORIA.

Je pars, et je t'attends.

Doria sort avec les soldats.

SCÈNE X.

FIESQUE seul.

Il le veut! je l'ai dû! qu'il reprenne ses armes !
Bientôt va retentir le signal des alarmes.
Que répondre aux Génois?.. Ses jours étaient proscrits.
En le sauvant, la mort! en frappant, le mépris!...
Je ne balance pas, et je brave leur haine.
Les voici!

SCÈNE XI.

FONDI, MANFREDI, VERRINA, FIESQUE, LÉO-
NOR, Conspirateurs, Génois, Femmes.

LÉONOR.

Dans ces lieux, la foule me ramène.

FIESQUE.

Amis, de mon palais ne vous éloignez pas.

VERRINA bas à Fiesque.

Fiesque, où le doge est-il?

FIESQUE.

Tu le retrouveras.

On entend un coup de canon.

LÉONOR.

Ciel!

VERRINA bas à Fiesque.

Le Doge!

FIESQUE.

Voici le signal de la gloire!

VERRINA.

Songe à notre serment.

FIESQUE.

Songeons à la victoire :
D'un peuple qui se venge entendez les clameurs ;
Génois, il nous attend ; suivez-moi!

Fiesque et les conspirateurs tirent leurs épées.

LÉONOR.

Je me meurs.

*Léonor s'évanouit au moment où Fiesque s'éloigne avec les conspirateurs.
Étonnement et effroi de tout le monde qui se presse autour d'elle.*

ACTE V.

SCÈNE PREMIÈRE.

FONDI , LÉONOR.

FONDI.

Jusqu'au palais ducal quel dessein vous amène ?
Quoi ! Madame, c'est vous ? Dans les remparts de Gène
Les cris de la vengeance et les sons du beffroi
Sèment de tous côtés la menace et l'effroi.
De Fiesque et des Génois le destin se décide ;
Vous avez pu braver cette nuit homicide ?

LÉONOR.

Parlez, que dois-je craindre et que fait mon époux ?

FONDI.

Il nous guide, il combat, il triomphe avec nous !
A sa voix, à son nom, se lève un peuple immense ;
De nos fiers oppresseurs le châtiment commence.
En vain Octavio qu'éveillent ses dangers
S'environne tremblant de soldats étrangers,
En vain de ce palais leurs serviles cohortes
Contre nous un moment ont défendu les portes :

Ils n'ont pu résister ; j'en suis maître, et je dois
Attendre dans ce lieu le vengeur des Génois ;
Déjà de Doria qu'entourait son hommage
Le peuple aux pieds de Fiesque a renversé l'image.
Vers d'immortels honneurs votre époux s'élançant...

LÉONOR.

Je maudis des honneurs que peut payer son sang.
De quel présage affreux mon ame est poursuivie !
Dans un instant peut-être il va tomber sans vie,
Il m'appelle !... Courons ! Que le glaive assassin
Se trompe de victime et rencontre mon sein !
Cher époux ! je me livre au coup qui te menace :
Où Fiesque est en danger le ciel marque ma place.

FONDI.

Demeurez !

LÉONOR.

        Laissez—moi, n'arrêtez point mes pas.

FONDI.

Le trépas est partout.

LÉONOR.

            Qu'importe le trépas ?
Défendons mon époux, que j'expire et qu'il vive !

FONDI.

D'un mourant près d'ici j'entends la voix plaintive ;
Un long cri de fureur arrive jusqu'à nous ;
On approche, écoutez.

LÉONOR.

Ils frappent mon époux !

FONDI.

Non, non, c'est Manfredi.

SCÈNE II.

LES MÊMES, MANFREDI, QUELQUES GÉNOIS.

MANFREDI, un poignard à la main.

Mon épouse est vengée !

A un Génois.

Cours, ami; que Berta lâchement outragée
Repose triomphante au toit de ses ayeux;
Porte-lui ce poignard teint d'un sang odieux;
D'un père infortuné console la souffrance :
Il gémit d'un forfait.... Montre-lui la vengeance.

Le Génois sort.

FONDI.

Qu'entends-je ?

MANFREDI.

Octavio sous mon glaive est tombé!

FONDI.

Et le Doge ?

MANFREDI.

A mes coups la nuit l'a dérobé;
Mais Verrina l'attend, et sa perte est certaine.

LÉONOR.

Fiesque vit-il encor ?

MANFREDI.

De la porte romaine
A la fuite du doge il interdit l'accès.
D'un peuple furieux enchaînant les excès,
Il commande à sa rage ou l'entraîne à la gloire :
Son regard est la mort, et son nom la victoire !

LÉONOR.

Je vole à ses côtés, et je veux aujourd'hui
M'unir à son triomphe, ou périr avec lui !

Elle sort.

SCÈNE III.

FONDI, MANFREDI, Génois.

MANFREDI.

Et nous, vengeurs de Gène, allons ! quand la patrie
Relève de son front la majesté flétrie,
D'un peuple réveillé guidons le noble essor ;
Viens : tant qu'il reste à faire on n'a rien fait encor.
Marchons !

SCÈNE IV.

LES MÊMES, VERRINA.

Où courez-vous ? aux pieds d'un nouveau maître ?

MANFREDI.

Quel discours ?

VERRINA.

A tes yeux il va bientôt paraître.

Ce guerrier qu'honorait ta crédule vertu
De la pourpre demain marchera revêtu.
Du peuple prosterné l'hommage l'environne,
Et ses lauriers déjà font place à la couronne.

MANFREDI.

Fiesque!

VERRINA.

De ses flatteurs entendez-vous la voix?

Le peuple dans la coulisse.

Gloire à Fiesque, au vengeur, au héros des Génois!

MANFREDI.

Nous aurions élevé sa nouvelle puissance!
Il a perdu ses droits à mon obéissance.
Je ne le connais plus.

VERRINA.

S'il commande, obéis:
Fiesque ce soir encor peut servir son pays;
Seul je veux lui parler: ici je vais l'attendre,
Ce prince d'un instant va me voir et m'entendre.
Si l'honneur est pour lui moins cher que son pouvoir,
Il me reste à remplir un horrible devoir;
Mais je l'accomplirai.... Vengeur de ma famille,
Ma tendresse à tes soins a confié ma fille:
Elle vivra pour toi, Manfredi; sois heureux;
Souviens-toi de son père et plaignez-moi tous deux.

SCENE V.

LES MÊMES, FIESQUE, SOLDATS, PEUPLE.

FIESQUE.

Peuple et braves Génois, j'accepte votre hommage,
Et ce titre imposant, noble prix du courage.
Je veux m'en rendre digne : élu par votre amour,
Dans le palais ducal je fixe mon séjour :
Votre bonheur, voilà ma plus chère espérance.
Mais d'un peuple outragé poursuivons la vengeance !
Cet esclave africain qu'épargna ma fureur,
Dans nos murs désolés promène la terreur ;
Il ose à nos palais attacher l'incendie !
Manfredi, va punir sa lâche perfidie :
Qu'il meure ! Et vous, Génois, allez, suivez ses pas.

Manfredi sort avec le peuple.

D'Octavio partout annonce le trépas,
Fondi, de mes guerriers je te donne l'élite ;
Doria vers le port a dirigé sa fuite :
Poursuis-le, ce vieillard qui ne peut t'échapper
Fut mon hôte, et mon bras ne le veut point frapper ;
Au glaive des Génois mon glaive l'abandonne ;
Un reste de soldats le suit et l'environne :
Qu'ils tombent avec lui. Va, cours, frappe et punis.

Fondi sort avec les soldats.

SCÈNE VI.

FIESQUE, VERRINA.

FIESQUE.

Pour nous, cher Verrina, par la victoire unis,
Volons à d'autres soins... Mais d'où vient ce silence ?
Quoi ! Gène nous appelle, et Verrina balance ?
Muet auprès de Fiesque, immobile à sa voix,
Tu détournes les yeux ?

VERRINA.

Est—ce lui que je vois ?

FIESQUE.

Ton cœur me méconnait ?

VERRINA.

En vain je l'interroge ;
Point de Fiesque pour moi dans le palais du Doge.

FIESQUE.

Verrina !

VERRINA.

Par ta bouche un serment fut dicté ;
Ne t'en souvient-il plus, et l'as-tu respecté ?
« Jurons mort au tyran ! Que tout parjure expire. »
Malheureux, tu l'as dit, et Doria respire.

FIESQUE.

Oui, j'épargnai des jours qu'il livrait à ma foi,
Et qui m'ose accuser eût agi comme moi.

VERRINA.

Peut-être ; et je veux bien pardonner ton parjure :
Mais parle : de ton joug subirons-nous l'injure ?
Imprudent, penses-tu que du peuple génois,
Qui s'armait avec nous pour ressaisir ses droits,
Quand tu veux l'asservir la fureur te pardonne,
Et qu'il verse son sang pour te donner un trône ?

FIESQUE.

Quoi ! pour la liberté ton fanatique amour
Des temps qui ne sont plus rêve encor le retour ?
Veux-tu donc, nourrissant un espoir inutile,
Lorsque tout a changé rester seul immobile ?
Regarde autour de toi, Verrina, que vois-tu ?
Un peuple sans courage, un sénat sans vertu,
La discorde partout, nos campagnes désertes
A l'avide étranger de toutes parts ouvertes,
L'or corrompant les lois, les vices triomphans,
La patrie étrangère à ses propres enfans ;
Vois l'Espagne aujourd'hui, demain la Germanie,
Dans nos murs tour à tour fonder leur tyrannie,
Et chassant nos vaisseaux de l'empire des mers,
Se disputer l'honneur de nous donner des fers.
Il est temps qu'un guerrier, réveillant la victoire,
Rassemble les débris de cet Etat sans gloire,
Et force les Génois à des destins nouveaux.
Tels sont mes vœux, tel est le but de mes travaux.
Le ciel à cet honneur appelle mon courage ;
Doria l'a tenté, j'achève son ouvrage.

VERRINA.

Et moi, Fiesque, crois-tu m'enchaîner à ton char ?

FIESQUE.

Songe à notre amitié.

VERRINA.

Souviens-toi de César.

FIESQUE.

Il avait jugé Rome.

VERRINA.

Il la voulait esclave.

FIESQUE.

Ses assassins n'ont fait que couronner Octave.

VERRINA.

Tu veux régner, j'existe, et tu n'as pas frémi ?

FIESQUE.

Moi frémir ! Et pourquoi ? Je suis près d'un ami.

VERRINA.

Je suis près d'un tyran.

FIESQUE.

Tu m'outrages encore :
Mais ton ami l'oublie et le prince l'ignore.

VERRINA.

Nous amis ! Non, ce jour brise tous nos liens.
Vois envers ton pays quels crimes sont les tiens :
Malheureux ! un serment dicté par ta prudence
Des Génois sur ton front appelle la vengeance.

Mais c'est peu de trahir ce serment solennel,
Sauveur de Doria, plus que lui criminel,
De tes concitoyens tu veux river la chaîne !
Que lui reprochions-nous ? L'esclavage de Gène.
Prétends-tu donc l'absoudre ? Et crois-tu qu'aujourd'hui
Gène respecte en toi ce qu'elle abhorre en lui ?
Fiesque, as-tu pour jamais chassé de ta mémoire
Ces jours de ton enfance où respirant la gloire,
Ton cœur me comprenait et répondait au mien ?
Tu promettais à Gène un héros citoyen ;
De ton père expiré remplaçant la tendresse,
De mes soins paternels j'entourai ta jeunesse ;
J'avais en toi placé l'espoir de mes vieux jours ;
Je t'aimais comme un fils et je t'aime toujours !
Aux cris de l'amitié ne ferme pas l'oreille ;
L'abime est sous tes pieds !..... Que ma voix te réveille,
Sois Fiesque, sois encor ce généreux guerrier
Pour prix de ses exploits n'attendant qu'un laurier.
C'est moi, c'est Verrina qui vient l'ame attendrie,
Te parler de vertu, d'honneur et de patrie.
Rejette cette pourpre ! un moment égaré,
A nos antiques lois rends leur pouvoir sacré.
Ne flétris pas ton nom, et songe à tes ancêtres :
Ces héros vertueux ne souffraient point de maîtres.
Vois leurs tombeaux s'ouvrir, vois s'unissant à moi
Leurs ombres se placer entre le trône et toi.
Ne me repousse pas.

FIESQUE.

Va, ta prière est vaine :
J'ai médité long-temps sur les besoins de Gène ;
Son sort est décidé ; je t'aime et je te plains.

VERRINA.

Quoi ! rien ne peut changer tes funestes desseins !
Insensé, que fais-tu ? Demeure, écoute encore ;
Pour la dernière fois ton vieil ami t'implore.
Hélas ! Fiesque parjure et prêt à s'avilir
Laisse un vide en mon cœur que rien ne peut remplir.
Mais crois-moi, ton honneur m'est plus cher que ta vie ;
Je ne verrai point Gène à tes lois asservie ;
Demande-moi mon sang, il est à toi ; je puis
Immoler tout à Fiesque, excepté mon pays.
Tu connais dès long-temps cette ame ardente et fière ;
Verrina, tu le sais, dédaignant la prière,
Devant aucun mortel ne ploya les genoux :
Il se jette à tes pieds ; tu t'es armé pour nous ;
Tu triomphes.... Je t'offre une gloire plus belle.

FIESQUE.

Le peuple me demande et le trône m'appelle.

VERRINA aux genoux de Fiesque.

Le trône !... Non, jamais.

FIESQUE.

Quoi ! tu retiens mes pas ?

VERRINA.

Le trône !

FIESQUE.

Il m'appartient,

VERRINA se relevant et frappant Fiesque de son poignard.

Tu n'y monteras pas.

FIESQUE tombant.

Ciel !... C'est toi, Verrina, dont la main m'assassine !
On vient.... Fuis, malheureux, le sort qu'on te destine :
Les Génois indignés vengeraient mon trépas....

SCENE VII.

FIESQUE , VERRINA, FONDI , Peuple, Sénateurs.

FONDI dans la coulisse.

Fiesque !

VERRINA.

Pourquoi ces cris ?

FONDI.

Le Doge est sur nos pas !
Présentant aux Génois son front octogénaire,
Et guidant au combat sa garde mercenaire,
Il triomphe un moment : le peuple est incertain ;
Mais l'aspect d'un héros va changer le destin,
Viens, Fiesque, à Doria renvoyant les alarmes,
Combattre à notre tête et vaincre.

FIESQUE se soulevant.

Où sont mes armes ?...

(Il retombe.)

Mais non !

FONDI.

Que vois-je, ô ciel !

UN GÉNOIS.

Exécrable forfait !

FIESQUE.

Je succombe, fuyez !

FONDI à Verrina.

Malheureux, qu'as-tu fait ?

VERRINA.

Fiesque voulait s'armer d'un sceptre illégitime,
J'ai frappé l'oppresseur... Je pleure la victime !
Venez, je veux combattre et triompher pour vous.

LE GÉNOIS.

Rends-nous Fiesque.

VERRINA.

Génois.

LE GÉNOIS.

Il dut régner sur nous,
Point de combats sans Fiesque.

FIESQUE à Verrina.

Ils ont besoin d'un maître !
Tu les a méconnus !... Doria va paraître !
Fuis ! te dis-je !

SCÈNE VIII.

Les mêmes, LÉONOR.

Fiesque sur un fauteuil est caché par les Génois.

LÉONOR.

Génois, j'implore vos secours,
Entourez mon époux et défendez ses jours,
On l'appelle, on combat !... Vous détournez la vue !
C'est lui ! quelle pâleur sur ses traits répandue !
Ciel ! du sang ! malheureuse, ils l'ont assassiné !
Fiesque !.. Chacun de vous baisse un front consterné !

S'approchant de Verrina.

Mais vous, dont la tendresse éleva son enfance
Votre bras n'a-t-il pu s'armer pour sa défense ?

LE GÉNOIS s'avançant vers Verrina le poignard à la main.

C'est lui qui l'a frappé ! qu'il meure !

LÉONOR.
                                    Dieu !

FIESQUE les arrêtant du geste.
                                    Génois !

Vous avez tous juré d'obéir à mes lois.
Épargnez, respectez l'ami de ma jeunesse,
Qu'il vive, et qu'il s'éloigne ! et toi que ma tendresse
Espéra couronner, viens, ô ma Léonor,
Le ciel a donc permis que je te visse encor.
On vient !.... Fuis, Verrina, la force m'abandonne.

Il se soulève.

Je règne malgré toi, car je meurs et pardonne.

FONDI à Verrina.

Aux pieds de Doria tu les vois tous courir.

VERRINA tirant son épée.

Eh bien ! à mes côtés rangez-vous pour mourir.

Le théâtre se remplit de soldats; tout le peuple se précipite du côté de la coulisse. La toile tombe.

FIN.

L'un des premiers principes de l'art dramatique étant de ne pas faire disparaître un personnage important , sans que le spectateur soit informé de son sort , je laisse subsister, telle qu'elle a été dite à la première représentation, la scène du dénouement. Mais, d'après les avis bienveillans qui m'ont été donnés à ce sujet , et auxquels je m'empresse de me conformer , j'invite messieurs les Acteurs à jouer la dernière scène comme il suit :

» Ils ont besoin d'un maître!

» Tu les as méconnus; Doria va paraître;

» Fuis!....

LE GÉNOIS s'élançant sur Verrina le poignard à la main.

» Toi qui l'as frappé, meurs!

FIESQUE.

» Arrètez, Génois.

» Vous avez tous juré d'obéir à mes lois;

» Epargnez, respectez l'ami de ma jeunesse;

» Qu'il vive et qu'il s'éloigne! Et toi que ma tendresse

» Espéra couronner, adieu, ma Léonor ;

» Le ciel n'a pas permis que je te visse encor!

» On vient;... fuis, Verrina, la force m'abandonne....

                    Il se soulève.

» Je règne malgré toi, car je meurs et pardonne.

                 FONDI à *Verrina*.

» Aux pieds de Doria tu les vois tous courir.

               VERRINA *tirant son épée*.

» Eh bien, à mes côtés rangez-vous pour mourir.

Le Théâtre se remplit de soldats ; tout le peuple se précipite du côté de la coulisse ; la toile tombe.

VARIANTE.

Frappé de la scène originale et piquante dans laquelle Schiller, pour éprouver Fiesque, fait mettre inopinément sous ses yeux, par Verrina et les autres conjurés, un tableau représentant la mort de Virginie et la chute d'Appius, j'avais tenté de faire passer cette scène sur notre théâtre : un seul changement m'avait paru nécessaire. J'avais pensé que la chute d'Appius était un événement trop ancien et trop connu pour que les conjurés pussent espérer que Fiesque se trahirait et s'enflammerait de courroux contre le doge de Gène, au seul aspect du châtiment du décemvir romain, et l'histoire m'avait fourni un trait qui me semblait de nature à agir plus vivement sur l'ame de Fiesque, et à offrir moins de ressources à sa profonde dissimulation. Le voici : « En

» 1230. Boccanera, noble Génois, ayant usurpé le pou-
» voir, fut renversé de son trône *par un aïeul de Fiesque,*
» et le gouvernement républicain fut rétabli. » Telle était
l'action du tableau que, dans le troisième acte de ma tragédie, Verrina montrait à mon héros, tandis que les conjurés, les yeux attachés sur les siens, épiaient ses moindres
impressions, ses plus légers mouvemens. Des hommes de
lettres, dont l'amitié m'honore et dont les avis me sont
précieux, avaient fort approuvé cette scène à la lecture :
mais à la répétition générale de ma pièce, ils ont craint la
délicate susceptibilité d'un public qui supporte si difficile-
ment aujourd'hui les développemens. J'ai retranché la
scène, et si je la conserve ici, ce n'est pas certes que je
tienne à quelques vers ; mais c'est afin qu'on voie qu'aucun
effort n'avait coûté à ma faiblesse pour traduire devant le
parterre français tout ce qui, dans la tragédie de Schiller,
m'avait paru digne de lui être présenté. Voici la scène telle
qu'elle était :

ACTE III, SCENE III.

MANFREDI, VERRINA, FONDI, Sénateurs.

FONDI.

. . . .
Ses bienfaits cachent-ils un projet que j'ignore ?
Ou veut-il seulement, par de généreux soins,
De ces infortunés prévenir les besoins?
Je ne sais, Verrina; mais de son assistance
Vous avez comme moi reconnu l'importance ;
Pour abattre un pouvoir qu'il est temps de punir,
Il faut à nos complots le forcer de s'unir,

Et révélant enfin l'ardeur qui nous enflamme
D'un regard scrutateur interroger son ame.

VERRINA.

J'y souscris.

MANFREDI.

Mais comment pénétrer ses secrets?

VERRINA.

Nous pouvons les connaître et les moyens sont prêts.

MANFREDI.

Expliquez-vous, mon père !

VERRINA *les dirigeant vers un tableau voilé !*

Approchez : sous ce voile,
Un immortel pinceau fit respirer la toile ;
Là, de Boccanera renversant le pouvoir,
De nos braves aïeux s'arme le désespoir ;
Ainsi que Doria trompant Gêne flétrie,
Boccanera jadis enchaîna sa patrie ;
Un Fiesque dans son sein enfonça le couteau !
La chute du tyran revit dans ce tableau ;
Là, le glaive à la main, ses nombreuses victimes
Lui viennent demander compte de tous ses crimes,
Et l'arrachent du trône où siégeait son orgueil ;
Tandis que, dépouillés de leurs habits de deuil,
Des femmes, des enfans, en essuyant leurs larmes,
Rendent grâces à Dieu du succès de leurs armes !
Ce chef-d'œuvre inconnu, que je cache en ces lieux,
Des oppresseurs de Gêne eût offensé les yeux ;
Avec ces fiers Génois le cœur d'intelligence
Frémit à leur aspect de haine et de vengeance ;
Fiesque aisément s'enflamme aux merveilles des arts,
Sur ce tableau terrible appelons ses regards !

D'une grande action l'image retracée
Vers de nobles desseins emporte sa pensée;
Qu'il regarde! et bientôt ses sentimens secrets
Devant nous, malgré lui, passeront sur ses traits.

MANFREDI.

De ce fragile espoir qu'attendez-vous?

VERRINA.

Peut-être
D'un premier mouvement il ne sera pas maître,
Son trouble, un geste, un mot le peuvent découvrir :
Ce seul moyen nous reste, il y faut recourir.

MANFREDI.

Qu'il se déclare enfin!

VERRINA.

Je l'attends : voici l'heure
Où sa jeune amitié visite ma demeure,
Voyons s'il plaint les maux de ses concitoyens.
Le voici! que vos yeux s'attachent sur les siens.

SCÈNE IV.

LES MÊMES, FIESQUE.

FIESQUE.

Eh bien, cher Verrina, ton ame consternée
Vers des pensers plus doux est-elle ramenée?
Je veux aux noirs chagrins qui consument tes jours
De mes soins assidus apporter les secours.
Ne les rejette pas! que ma voix te console!
L'amitié reste au moins quand le bonheur s'envole.

VERRINA.

Je rends grâce à tes soins, Fiesque, et tout est changé ;
Ce peuple par nos bras ne peut être vengé,
Nous nous flattions en vain de bannir ses alarmes :
Eh bien, de tes conseils nous savourons les charmes.
C'en est fait, désormais à de nobles plaisirs
Nous voulons, comme toi, consacrer nos loisirs ;
Fiesque des jours passés de notre antique gloire
Ne nous entendra plus fatiguer sa mémoire ,
Et j'allais, entouré des prestiges des arts,
D'un immortel chef-d'œuvre enchanter leurs regards.
Viens, et devant la toile où frémit leur courage,
Aux héros avec nous apporte ton hommage.
Il découvre le tableau.
Regarde.

MANFREDI *à part.*

Aux Sénateurs.

A nos soupçons il ne peut échapper.

FIESQUE *à part.*

On m'observe.

VERRINA *devant le tableau avec exaltation.*

Regarde ! ils sont prêts à frapper !
Sous leur courroux vengeur Boccanera succombe,
Reconnais ton aïeul ! Il l'entraîne à la tombe !
Génois, rangez-vous tous près de vos défenseurs ,
Frappez !.... Vengeance à Gène et mort aux oppresseurs !
Aux pleurs des citoyens quels cœurs seraient rebelles ?
Vois, Fiesque, ils sont armés !

FIESQUE *indiquant du geste un groupe de femmes placé dans le*
tableau.

Que ces femmes sont belles !

VERRINA.

Qu'entends-je ?

MANFREDI.

Fiesque !

FONDI.

Ainsi tout espoir est perdu !

VERRINA.

Eh bien, braves Génois, vous l'avez entendu !
Le voilà ce héros, ce guerrier magnanime,
Pour venger son pays, choisi par votre estime !
Ne l'admirez-vous pas ?

MANFREDI.

Qu'est-il besoin de lui ?
Génois, c'est trop long-temps implorer son appui, etc.

La scène continuait alors telle qu'elle est maintenant.

FIN DE LA VARIANTE.

www.ingramcontent.com/pod-product-compliance
Lightning Source LLC
Chambersburg PA
CBHW060611100426
42744CB00008B/1390